Discuta menos, dialogue mais

Discuta menos, dialogue mais

COMO TRANSFORMAR SUAS PRÓXIMAS CONVERSAS

Jefferson Fisher

Tradução de
Cássio de Arantes Leite

Copyright © 2025, Jefferson Fisher

Todos os direitos reservados, incluindo o direito de reprodução total ou parcial, em qualquer formato.

Este livro foi publicado mediante acordo com TarcherPerigee, um selo do Penguin Publishing Group, divisão da Penguin Random House LLC

TÍTULO ORIGINAL
The Next Conversation

PREPARAÇÃO
Juliana Oliveira

REVISÃO
Mariana Gonçalves

DIAGRAMAÇÃO
Mayara Kelly

DESIGN DE CAPA
Pete Garceau

CIP-BRASIL. CATALOGAÇÃO NA PUBLICAÇÃO
SINDICATO NACIONAL DOS EDITORES DE LIVROS, RJ

F565d

    Fisher, Jefferson
       Discuta menos, dialogue mais : como transformar suas próximas conversas / Jefferson Fisher ; tradução Cássio de Arantes Leite. - 1. ed. - Rio de Janeiro : Intrínseca, 2025.

    Tradução de: The Next Conversation
    Inclui bibliografia e índice
    ISBN 978-85-510-1382-3

    1. Comunicação interpessoal. 2. Relações humanas. I. Leite, Cássio de Arantes. II. Título.

25-95963
            CDD: 153.6
            CDU: 316.772.4

Gabriela Faray Ferreira Lopes - Bibliotecária - CRB-7/6643

[2025]
Todos os direitos desta edição reservados à
EDITORA INTRÍNSECA LTDA.
Av. das Américas, 500, bloco 12, sala 303
22640-904 – Barra da Tijuca
Rio de Janeiro – RJ
Tel./Fax: (21) 3206-7400
www.intrinseca.com.br

A
Sierra, por todo o seu apoio;
Jett e Ruby, minha inspiração;
Meus irmãos, os primeiros a me inspirar;
Meus pais, que rezaram por mim;
E a todos que tentaram e me seguiram.

There ain't no good guy.
There ain't no bad guy.
There's only you and me and we just disagree.

— Dave Mason, "We Just Disagree"

SUMÁRIO

Prólogo	11
Introdução	19

PARTE I

O básico
25

Capítulo 1	Nunca vença uma discussão	27
Capítulo 2	Sua próxima conversa	43
Capítulo 3	A verdade sobre a conexão	54

PARTE II

Aplicação
63

Regra 1: Fale com controle	65

Capítulo 4	Autocontrole	67
Capítulo 5	Controle o momento	82
Capítulo 6	Controle o ritmo	102

Regra 2: Fale com confiança	115

Capítulo 7	Voz assertiva	117
Capítulo 8	Pessoas difíceis	137
Capítulo 9	Limites	158

Regra 3: Fale para se conectar	171

Capítulo 10	Molduras	173
Capítulo 11	Ficando na defensiva	185
Capítulo 12	Conversas difíceis	199

Posfácio	215
Versão de 47 segundos	219
Os próximos passos	221
Confidencialidade advogado-cliente: narcisistas e *gaslighting*	223
Agradecimentos	225
Notas	229
Índice	233

Prólogo

O tapete berbere surrado na casa antiga pinicava minhas pernas. Usando uma camiseta larga e minha cueca do Homem-Aranha, eu estava encolhido no canto da sala. Meu cabelo e minha pele ainda estavam molhados após uma ducha apressada e fria. Eu tremia. E também sorria de orelha a orelha.

Eu tinha oito anos e não queria perder nada.

Todo mundo estava na sala. O patriarca da família era meu bisavô, um juiz federal. Meu avô, meu pai, meus primos de primeiro grau, meus tios-avôs — tanto faz — eram todos advogados. O contingente masculino da família Fisher estava em sua reunião anual para o primeiro fim de semana da temporada de caça em Hill Country, no oeste do Texas. Treze homens no total e, pela primeira vez, contando comigo, eu era o número catorze. Senti que me tornava importante. Eu — enfim com idade suficiente para viajar com meu pai por oito horas escutando James Taylor, Jim Croce e Jerry Jeff Walker. Eu — enfim com idade suficiente para estar entre os adultos. Quase não abri a boca, é verdade, mas não fazia diferença. Tomei mais cerveja sem álcool e devorei mais snacks de carne-seca desidratada do que minha mãe jamais teria permitido.

A primeira noite foi uma experiência que ficou gravada na minha memória.

Ao fim do jantar, meu avô deixou o prato de lado e foi se sentar em seu lugar de sempre no sofá. Então começou a narrar uma história. Tinha a ver com seu trabalho, um juiz e um tribunal. Percebi de imediato que se tratava do mesmo episódio que ele contara ao meu pai naquele dia enquanto fazíamos alguns reparos em um velho esconderijo feito para caçar veados. Só que antes a história parecera mais casual. Sua voz soara monótona conforme falava e procurava a tinta verde na traseira da picape.

Mas agora o momento era especial. As palavras continuavam iguais, porém a narrativa estava bem diferente.

Observei com fascínio quando ele se levantou para reencenar o episódio. Gesticulando e exagerando nas expressões faciais para dar ênfase, ele falava mais alto nas partes empolgantes, e mais baixo e devagar nas partes tensas. Até seu tom de voz mudara. Seria realmente a mesma história? Ele prendeu a atenção da sala por cerca de dez minutos. Fez uma longa pausa antes de concluir e, quando chegou ao fim, todo mundo caiu na gargalhada. Para mim, foi como assistir a um show de mágica.

A conclusão da história serviu de deixa para os demais e, um a um, meus primos, meu pai e até meu bisavô se levantaram para contar suas anedotas de tribunal. Por estarem acostumados a atuar em litígios judiciais, eram todos narradores maravilhosos. As risadas prosseguiram por horas noite adentro.

Permaneci ali sentado no canto, fascinado com cada história, cada palavra, os joelhos encolhidos sob minha camiseta de dormir. Continuei prestando atenção até pegar no sono. Já estava tarde. Meu pai me carregou para a cama, uma tira de carne-seca ainda em uma das minhas mãos.

Para mim, essa noite representou a descoberta de algo novo, porém estranhamente familiar, como se já tivesse presenciado tudo aquilo antes. Lembro que me pareceu natural no momento, como um sapato que serve direitinho na primeira vez que o experimentamos.

Nessa noite, e durante os fins de semana da abertura da temporada de caça ao longo dos dez anos seguintes, recebi aos poucos o legado da minha família: uma identidade herdada da dedicação ao exercício da advocacia por meio da narração de histórias. A cada ano que passava, percebi que a advocacia era apenas nossa profissão — a verdadeira paixão familiar era se comunicar.

Assim, ninguém se surpreendeu quando decidi cursar direito e me tornar advogado.

E, após exercer a profissão por dez anos, ainda não conheço outra que chegue perto dela. Sou contratado para lidar com problemas de pessoas com quem pessoalmente não tenho nenhuma questão. Além do mais, a outra parte também conta com seu próprio advogado, que é pago para se envolver em problemas comigo. Todos os dias enfrento adversários cujo principal objetivo é dar um jeito de me derrotar. Em julgamentos com júri, há ainda mais coisas em jogo. O modo como me comunico, e como induzo meu cliente a se comunicar, pode ser a diferença entre ele recuperar seu meio de subsistência ou perdê-lo para sempre. Há uma lição a ser aprendida em cada novo caso, não importa se estou inquirindo testemunhas de defesa ou de acusação ou apresentando argumentos perante um juiz ou um júri. Meu único propósito é buscar conflitos.

No entanto, não pense que desenvolvi minha habilidade de comunicação na faculdade de direito, longe disso. Lá, aprendemos a aplicação da lei: princípios de contratos, responsabilidade civil, direito constitucional e normas de procedimentos estaduais e federais — tudo muito importante. Mas não há aulas sobre como demonstrar empatia em uma conversa. Ninguém ensina a aplacar uma discussão acalorada. Na faculdade de direito aprendemos a interpretar a lei. Não aprendemos como interpretar pessoas.

Precisei descobrir essa parte por conta própria.

"Tá gotoso!?", perguntou minha irmã, Sarah, com a chupeta na boca, quando me trouxe o quinto prato de panquecas invisíveis. Eu era o mais velho de quatro irmãos e sentia o maior prazer em assumir esse papel.

Por volta dos treze anos, minha ligação com meus irmãos era tão forte que eles quase chegavam a me obedecer mais do que a meus pais. Onde quer que estivéssemos, eu era como uma galinha com seus pintinhos. E, após completar dezesseis anos, quando passei a levá-los de carro até a escola, aproveitava para testar suas habilidades em soletrar palavras.

Quero deixar claro que tenho pais carinhosos e fantásticos. Devo tudo o que sou ao fato de terem dedicado tanta atenção a mim naqueles quatro primeiros anos que precederam o nascimento de minha irmã. Além do mais, eu simplesmente adorava a responsabilidade de ser o irmão mais velho.

Dizem que o filho mais velho acaba tendo maior estabilidade emocional, mais iniciativa e assim por diante. Mas, para mim, significou aprimorar os fundamentos da comunicação desde tenra idade.

Aprendi rapidamente a interagir com Sarah, fingindo devorar a comida invisível, conforme sorria e dizia: "Humm, que delícia." Descobri que palavras carinhosas funcionavam melhor do que falas irritadas para fazer com que ela se abrisse. Meu irmão, Jonathan, dizia meu nome sem parar (eles me chamavam de Bubba, um apelido carinhoso tipicamente sulista usado para se referir a meninos mais velhos), e gaguejava para enunciar suas frases. Descobri que se eu aguardasse pacientemente e repetisse o que ele dizia ao mesmo tempo em que balançava a cabeça, Jonathan se sentia compreendido. Além disso, ele demorou muito tempo para aprender a pronunciar as consoantes e só falava usando vogais. Naturalmente, virei seu intérprete, identificava maneirismos não verbais e antecipava situações que o deixariam frustrado antes que ocorressem. Jacob, o caçula, era emocionalmente o mais intenso dos três. Suas emoções turbulentas o faziam perder a paciência depressa. Percebi que se falasse mais devagar e baixasse o tom de voz, ele fazia o mesmo. Aprendi a deixar que manifestasse suas emoções e a não as levar para o lado pessoal, e que às vezes um abraço era mais eloquente do que qualquer coisa que eu pudesse dizer. Cada irmão tinha uma personalidade única que exigia uma estratégia diferente, um toque especial para nos conectarmos com mais profundidade.

Uma das aptidões mais importantes que desenvolvi no papel de irmão mais velho foi a capacidade de mediar e resolver conflitos. Se dois deles começassem a brigar por causa da boneca Polly Pocket, eu interrompia rapidamente o bate-boca, esperava cada um apresentar sua versão da história e então determinava o veredicto sobre de quem era a vez e qual seria o combinado. E dava certo. Tornei-me hábil em ensinar meus irmãos a comunicar suas necessidades e a compreender as necessidades de cada um. Servir de exemplo para a comunicação entre meus irmãos era parte do meu cotidiano.

Hoje, estou casado e tenho dois filhos, e essa função ainda faz parte do meu dia a dia. Costumo ser o comunicador em toda fase, todo relacionamento, todo grupo de amigos. Talvez você ache que se trate apenas de ter jeito com as palavras. Sei que se trata de bem mais do que isso. Quando era pequeno, todas as noites meu pai se sentava na beirada da minha cama, curvava o corpo e sussurrava: "Amado Deus, dê sabedoria a Jefferson e seja sempre seu amigo." Acredito no poder da oração. E acredito que sem a oração de meus pais, você não estaria lendo este livro.

Em 2020, entrei como sócio em um prestigioso escritório de advocacia. Mas, apesar dessa realização, sentia-me deprimido em um nível profissional. Eu vivia voltando à mesma analogia: era como correr com um paraquedas. Embora tivesse clientes e pagasse minhas contas, criativamente não estava chegando a lugar algum.

Para complicar as coisas, trabalhava no mesmo escritório que meu pai. Quando contei a ele que pensava em seguir com a minha carreira em outro lugar, digamos que ele não reagiu muito bem. Para ser franco, a notícia não foi bem recebida nas vinte conversas seguintes, tampouco quando anunciei minhas intenções à firma. Ele bateu o pé para eu continuar. Foram conversas difíceis.

Em janeiro de 2022, fiz duas coisas que mudariam tudo.

Primeiro, abri minha firma de advocacia, a Fisher Firm, especializado em lesões corporais.

Eu não tinha um escritório e nem assistentes — droga, nem impressora eu tinha. Circulava pelos cafés com meu laptop e usava salas comerciais vazias de amigos. Aprendi depressa a obter clientes e, puxa, a sensação foi maravilhosa. Pude ajudar pessoas reais com problemas reais. Cortei as cordas do paraquedas e finalmente sentia que estava progredindo.

Segundo, comecei a postar nas redes sociais, oferecendo dicas de comunicação.

A princípio, eu pretendia usá-las para fazer captação de clientes. Vi vários advogados postando a única coisa que sabiam fazer: tentar vender seu peixe. Para eles, as redes eram os novos outdoors, que informavam ao público sobre como proceder e a quem procurar após um acidente. Também tentei seguir essa linha. Mas, depois, simplesmente achei que não estava dando certo. Fiquei pensando em todos aqueles outdoors estampados com o rosto desses advogados, brandindo martelos, lança-chamas, luvas de boxe, dizendo coisas absurdas como: "Você sofreu uma lesão? Sou o Ralador de Queijo do Texas! Ligue agora mesmo e venha buscar seu cheddar!" Argh. Estremeci. Não suporto essas coisas. Para começar, não fazia meu estilo.

Optei por uma via diferente. Em vez de vender meu peixe, ofereceria gratuitamente um serviço valioso. Sem pensar em como me beneficiaria, mas em como beneficiaria os outros. E, dessa vez, faria isso sendo genuinamente eu, a pessoa que sempre fora: Jefferson.

Como poderia realmente ajudar alguém?

Precisava ser algo com o qual se identificassem, uma mensagem de luz e bondade que ingressasse em lares e locais de trabalho. Veio-me à mente a pergunta que meus pais faziam sempre que eu não sabia o que dizer a alguém: "Bom, o que você gostaria que a pessoa soubesse?" A resposta me atingiu com a força de uma revelação. Eu diria a elas as coisas que sei mais do que qualquer um que conheço. Eu as ajudaria a aprender a se comunicar.

Não dispunha de um computador de última geração nem de um estúdio para filmagens com câmeras sofisticadas, mas tinha uma picape e um celular. Isso deveria bastar. Acionei o modo selfie e apertei o botão de gravar. Decidi na hora que o tema seria "Aprenda a argumentar como um advogado — Parte 1", e que dividiria minha fala em três pontos fáceis. No banco da frente da picape vazia, falei para a tela do celular sobre como fazer perguntas breves e como ser menos reativo emocionalmente, e expliquei que exagerar nos palavrões era como pôr tempero demais na comida. Havia lido em algum lugar que um vídeo precisava ter um *chamado à ação*. Então, ao final da gravação, falei: "Tente isso e me siga!" Por algum motivo, sei lá por quê, no último segundo levei a mão à boca ao dizer isso. Decidi ir em frente. Engoli em seco e postei o vídeo de 47 segundos nas redes sociais.

Não estava com a menor expectativa de que algo fosse acontecer. Até então, meus vídeos não tinham alcance algum. Na verdade, eu chegara até a pesquisar no Google: "Por que meus vídeos não têm visualizações?" Além de: "Como gravar um vídeo?"

O que aconteceu em seguida foi algo para o qual eu não estava preparado. Depois de uma hora, as visualizações do meu vídeo sobre "como argumentar" começaram a disparar, chegando à casa dos milhares. No dia seguinte, à dos milhões. Na hora nem me toquei, é óbvio, de que isso significava que milhões de pessoas estavam vendo a cadeirinha cor-de-rosa da minha filha e o copo com canudinho do meu filho no banco de trás, bem como minha impensada indumentária — camiseta polo e paletó, uma péssima combinação. Quem se veste imaginando que será visto por milhões de pessoas?

Mas ninguém pareceu se incomodar. Era como eu me apresentava no dia a dia. Foi como se estivesse falando diretamente com as pessoas, sem tentar lhes empurrar nada, sem truques. Era real.

"E agora, o que faço?", perguntei a uma amiga. Ela respondeu: "Mais vídeos."

E foi o que fiz.

Naquele ano, conquistei mais de cinco milhões de seguidores nas redes sociais, incluindo centenas de celebridades e figuras públicas, tudo isso sentado no meu carro com meu iPhone para fornecer dicas de comunicação. Sempre do mesmo jeito — sozinho, na picape, onde quer que conseguisse estacionar, no trajeto do trabalho para casa. Nunca preparava um roteiro e sempre postava no mesmo dia em que gravava. Nada de edição de vídeo, recursos gráficos complexos ou, como hoje é moda, legendas. Apenas eu, segurando o celular e sendo eu mesmo.

E, apesar de fazer tudo sozinho no carro, não demorou até que eu me visse na presença de milhares de pessoas, participando de conferências e prestando consultoria a organizações interessadas em aprender minhas técnicas de comunicação. Dei palestra até na NASA. Sempre que falava, não conseguia deixar de pensar: "O que vocês todos estão fazendo aqui?" Atingi mais de 250 mil inscritos em minha newsletter semanal com dicas de comunicação e assinei um contrato com a Penguin Random House para escrever o livro que você agora tem em mãos. Lancei o *The Jefferson Fisher Podcast*, que logo se tornou líder de audiência e o podcast de comunicação mais ouvido do mundo. Também desenvolvi uma incrível comunidade on-line repleta de recursos e aulas para equipar as pessoas com ferramentas práticas para aprimorar a comunicação. Meus vídeos alcançaram mais de meio bilhão de visualizações, somadas todas as plataformas. Sou abençoado por ter recebido as mais gentis e atenciosas mensagens diárias de gratidão. Não consigo acreditar que estou ajudando os outros dessa maneira, muito menos que estou digitando estas palavras.

Continuo a exercer a advocacia diariamente, dando assistência legal a pessoas por todos os Estados Unidos e encaminhando-as a advogados nos quais confio. Ainda gravo um vídeo curto por dia. Ainda digo "Tente isso e me siga!". Milhões tentaram e me seguiram. Digo isso com uma profunda sensação de gratidão.

Nunca sonhei que tudo chegaria onde chegou.

Mas o sonho não parou por aí.

Cinco meses após eu abrir a Fisher Firm, meu pai deixou a empresa onde trabalhara ao longo de trinta e cinco anos para se juntar a mim, seu filho, sem nenhum outro motivo além de exercermos a advocacia juntos. "Ainda tem vaga para seu velho?", perguntou ele com um sorriso. Fiquei sem palavras. Não havia nada que desejasse mais. Meus olhos ainda ficam marejados de felicidade enquanto escrevo sobre isso.

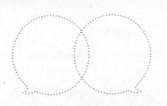

Introdução

Não muito depois de postar meu primeiro vídeo, passei a receber milhares de mensagens. Tantas que era impossível ler todas, muito menos respondê-las. As mensagens vinham de pessoas que seguiam meu conteúdo e pediam conselhos.

Elas buscavam orientação sobre importantes questões filosóficas relativas a religião ou política, ou mesmo sobre assuntos jurídicos. Queriam que as aconselhasse sobre o dia a dia e as particularidades envolvendo situações reais enfrentadas por pessoas reais — de problemas mundanos a casos de partir o coração.

- O que dizer a um chefe que nunca leva minhas ideias em consideração?
- O que dizer à minha filha adulta que não vejo há anos?
- O que dizer ao meu esposo que quer sempre estar com a razão?

Após receber milhares de mensagens desse naipe, aprendi que, independentemente de como formulamos a questão, o problema das pessoas não é *o que* dizer, mas *como* dizer.

Sempre que deparo com uma dessas questões, minha primeira reação é fazer a pergunta que meus pais me faziam: "Bem, o que você gostaria que a pessoa soubesse?" Até hoje, nunca me responderam "não sei". Sempre recebo uma resposta rápida. As pessoas já sabem o que querem dizer, porque, lá no fundo, é um reflexo do que estão sentindo: *quero que a pessoa saiba que isso me magoa, que preciso de espaço, que perceba todo meu nervosismo.* Os sentimentos se revelam naturalmente. Mas articular o que se sente para os outros? Não é tão fácil.

Na verdade, é desanimador como algo tão simples pode parecer tão inacessível.

Se você pegou este livro para ler, provavelmente está em busca da mesma coisa: soluções reais para problemas reais. Você não precisa saber *o quê*, só precisa saber *como*. Como se expressar de forma respeitosa em relação tanto a suas opiniões quanto às da outra pessoa? Como defender seu ponto de vista sem prejudicar seu relacionamento? Como manifestar o que pensa com autenticidade e empatia, mas, ao mesmo tempo, demonstrando que tem coragem?

A resposta fácil que você está procurando é conexão.

A resposta mais honesta que merece está nas páginas a seguir.

Por que escrevi este livro

Escrevi este livro por três motivos:

1. Meus seguidores nas redes sociais me pediram. Considero que o livro é para eles.
2. Para ensinar ao leitor algo que certamente vai melhorar sua próxima conversa.
3. E para preservar uma parte de mim para meus filhos e minha família.

Antes que você comece a mergulhar na leitura, preciso que compreenda algo importante. As habilidades de comunicação apresentadas aqui não são princípios que tomei emprestados. Com exceção de alguns estudos e comentários de outras áreas científicas — psicologia, neurociência e ciência comportamental —, você não verá citações de muitas fontes. O que está prestes a ler é o conhecimento adquirido a partir de minhas experiências de vida e do modo como me comunico.

Não sou terapeuta. Não sou psicólogo. Se eu afirmar neste livro algo que entre em conflito com um desses especialistas, confie neles, não em mim. Não vou lhe pedir para identificar seu estilo de apego e fazer com que responda a um questionário para descobrir que tipo de personalidade conflitante você tem. Se a sua intenção é se debruçar sobre os dados mais recentes ou sobre um estudo de como os padrões sociais dinâmicos das abelhas podem ajudá-lo a se comunicar, não sou o que está procurando.

O que trago aqui são lições de minha rotina no mundo real das argumentações, discordâncias, conversas difíceis e dos debates acalorados.

O que ofereço são conselhos práticos e específicos que você não encontrará em livros didáticos e palestras.

E talvez seja exatamente disso que o mundo esteja precisando.

Como este livro vai ajudá-lo

Embora eu seja advogado, não haverá rastro de direito no que está prestes a ler. Este não é um livro sobre minha profissão, tampouco sobre advocacia em geral.

O tema é como falar com desenvoltura, de queixo erguido, para acolher a vulnerabilidade que vem ao colocarmos todas as cartas na mesa.

Como dizer o que pensamos e pensar o que dizemos.

Tem a ver com preferir a coragem ao conforto, mesmo quando nossa voz está trêmula.

Ser direto ao falar não significa abrir mão da empatia ou da consideração pelos sentimentos alheios. Ser direto significa estar confiante de que podemos respeitar tanto o interlocutor quanto nós mesmos o suficiente para comunicarmos nossas necessidades abertamente e sem medo.

Não é preciso ser uma pessoa assertiva para falar assertivamente. As palavras fazem isso por você. É isto que este livro oferece: as palavras certas.

Nele, você obterá respostas para as perguntas que tantos fazem:

- Como conversar com alguém que está na defensiva?
- O que responder quando sou depreciado por alguém?
- Como estabeleço meus limites?

Para chegar lá, dividi o livro em duas partes. A primeira explica como se conectar consigo mesmo. Sei que isso soa meio místico demais. Mas não é. Tem a ver com a atitude mental que adotamos quando surge um conflito e, mais importante, como *alavancar* essa mentalidade para obter melhores resultados. A segunda parte ensina a usar essa alavancagem para se conectar aos outros. O modo como nos conectamos depende da situação, seja ao lidar com uma conversa difícil, seja durante a defesa de nosso ponto de vista. Independentemente do contexto em que você se encontra, criei três regras para consolidar a conexão:

1. Fale com controle.
2. Fale com confiança.
3. Fale para se conectar.

Por trás de cada regra há táticas comprovadas que podem ser usadas imediatamente. Ao longo do livro, eu mostrarei como soa e qual é a sensação de uma comunicação confiante. Você verá histórias reais tiradas de minhas experiências pessoais e profissionais. Também verá conversas hipotéticas que tocam em pontos delicados. Aprenderá o que dizer ou não e, claro, como dizer.

Após a leitura das próximas páginas, você será capaz de abolir a dificuldade das conversas difíceis, abrindo espaço para uma vida mais *real*. Amizades reais, conexão real, crescimento real. E não me refiro apenas a sua família ou a seus relacionamentos. Você vai constatar que seu verdadeiro eu começa a dar as caras no trabalho e nas reuniões. Passará a escrever mensagens e e-mails de modo diferente. As pessoas saberão qual é o seu ponto de vista. Você verá sua confiança se transformar em credibilidade — e não vejo a hora de isso acontecer.

Como pôr este livro em prática

Ao ler este livro ou assistir a um dos meus vídeos, você pode se perguntar: como vou me lembrar de tudo isso quando precisar?

Minha resposta é simples: você não vai. Não dá para ler e esperar colocar tudo em prática de imediato. É muita informação de uma vez, mais do que somos capazes de absorver. Assim, caso tente, fatalmente você estará fadado ao fracasso.

Em vez disso, escolha.

Escolha uma dica que ressoe em você e coloque-a em prática assim que possível. Por exemplo, digamos que se desculpar demais (Capítulo 7) seja o tema de maior apelo para você. Concentre--se nessa lição. Encontre modos de refletir profundamente sobre ela, por exemplo, escrevendo-a em um lugar visível, repetindo-a em voz alta para si mesmo ou explicando-a para algum amigo próximo que poderá depois cobrar de você. A seguir, comece a usá-la. Preste atenção a todas as ocasiões em que exclama um "desculpa!" desnecessário e corte o termo de todas as frases que proferir, e-mails que digitar ou mensagens que enviar.

Assuma o compromisso de cumprir essa regra. Depois, e só depois, quando conseguir ficar uma semana sem se desculpar desnecessariamente uma única vez, passe para outra lição que também tenha a ver com você.

Este livro inclui dicas escolhidas a dedo, de meus vídeos mais populares e que mais viralizaram a percepções exclusivas que nunca compartilhei antes. Se está lendo este livro porque me segue nas redes sociais, olá, continuo o mesmo. Tenho orgulho de enfim lhe dar algo tangível para rabiscar, rasgar e transformar em algo seu. Estou certo de que achará que a espera valeu a pena. Chegou a hora de você dizer mais coisas que realmente quer dizer e de assinar embaixo. Chegou a hora de comunicar suas necessidades de peito aberto, sem medo.

Assim, sente-se no banco do passageiro, que eu levo a cerveja e o lanche. Você está muito perto de fazer com que sua próxima conversa seja aquela que mudará tudo.

PARTE I

O básico

Não preciso convencê-lo de que a comunicação é fundamental. Você já sabe disso. Mas preciso convencê-lo do tamanho do seu alcance. Suas palavras têm um efeito cascata.

Não importa quanto se considere insignificante — ainda que acredite ser um alguém ou um zé-ninguém, o poder de suas palavras vai muito além de tudo que você viverá para ver.

O modo como você fala com um colega de trabalho ou com um atendente afeta o modo como eles falarão com amigos e familiares quando estiverem em casa. O modo como você fala com seus filhos afeta como eles falarão com os filhos deles. Suas palavras não são importantes somente agora. São importantes para gerações de pessoas que você nunca conhecerá. Pessoas de cuja existência você nunca saberá. A frase certa nos ouvidos da pessoa certa pode mudar vidas.

Sem dúvida as ações falam mais alto do que as palavras, mas elas não são substituíveis. Ninguém pode se considerar uma pessoa bondosa se não usa palavras bondosas.

O que suas palavras dizem sobre quem você é?

As ondas continuam a se propagar depois que a pedra bate na água.

Com "O básico", você aprenderá a adotar uma mentalidade que vai prepará-lo para gerar ondas de impacto positivo capazes de reverberar por seus relacionamentos e durar uma vida inteira e muitas vezes mais.

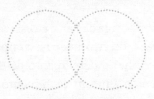

CAPÍTULO 1

Nunca vença uma discussão

— Não confio nem um pouco em você — vociferou ele.

Sinceramente, foi um elogio. Ele poderia ter pegado bem mais pesado.

Vestindo um macacão bege com a inscrição "LaPray" bordada em preto no emblema oval branco em seu bolso superior esquerdo, Bobby LaPray me lançou um olhar tão furioso e intenso que conseguiria abrir um buraco no meu paletó.

Geralmente, só descubro a aparência de alguém quando a encontro para seu depoimento. Mas o que quer que houvesse imaginado sobre o aspecto físico de Bobby LaPray, não era aquilo. Sentado à mesa da sala de reuniões aguardando a chegada dos demais, ao erguer o rosto me deparei com um gigante. Sua figura ocupava todo o vão da porta. Naturalmente, me levantei e fui até lá para um aperto de mãos e me apresentar.

— Jefferson Fisher — anunciei, com um sorriso.

— Hmph. Bobby — grunhiu ele.

Não sou baixinho. Tenho mais de 1,80 metro. Ainda assim, mal batia no peito de Bobby LaPray. Ele era uma verdadeira montanha humana. Quando nos cumprimentamos, o aperto de sua mão descomunal e calejada amassou a minha como numa cena saída dos desenhos de Tom e Jerry. Eu nunca me vira na presença de alguém fisicamente tão intimidante.

O caso envolvia uma briga de bar, e eu estava representando um mero espectador que se viu envolvido na confusão. Como parte do processo, precisava colher o depoimento de Bobby LaPray, uma testemunha dos eventos. Em um depoimento, tenho a oportunidade de fazer perguntas sob juramento, normalmente para tentar descobrir o que a pessoa sabe antes do testemunho no tribunal.

À mesa da sala de reuniões — uma relíquia —, sentados no sentido horário, a estenógrafa que registrava tudo, Bobby LaPray, o advogado da outra parte e eu. Após pedir a Bobby para erguer a mão direita e fazer o juramento, a estenógrafa como de costume acenou para que eu começasse.

Primeiro perguntei a Bobby LaPray coisas rotineiras sobre sua vida, depois o que levara à briga. Questões fáceis de responder: a que horas o senhor chegou? Com quem falou primeiro? Viu tal ou tal coisa, isso ou aquilo? É comum fazer esse tipo de pergunta para produzir uma cronologia dos eventos do ponto de vista de determinada testemunha. Em nenhum momento deixei de ser educado e amigável; 90% porque faz parte de minha personalidade, e 10% por pura autopreservação. Ele não era alguém que eu gostaria de ver irritado.

Mas, por mais simples que fossem as perguntas que eu fazia, Bobby LaPray ficava cada vez mais agitado. Em minha experiência eu já presenciara aquilo ocasiões suficientes para compreender. Suas sobrancelhas franziam a cada resposta. Sinal de emoções negativas. Sua respiração se tornava mais pesada conforme deixava de respirar pelo nariz para respirar pela boca. Sinal de aumento do estresse. Ele começou a retorcer as mãos gigantes enquanto falava. Sinal de ansiedade.

Não importava o que eu fizesse. Parecia que minha mera presença no ambiente era um insulto para ele. Dava para perceber a tensão crescente em torno da mesa conforme Bobby LaPray parecia cada vez mais contrariado. Como se eu estivesse enchendo uma bexiga que estouraria a qualquer momento.

Por fim, perguntei:

— Gostaria de fazer uma pausa, senhor LaPray?

A sala ficou em silêncio.

— Não — respondeu ele, limpando a garganta. — Mas quero falar uma coisa.

Suas palavras saíram mais altas do que o necessário. De tal forma que a estenógrafa levou um susto. Lancei um breve olhar ao outro advogado, que devia ter pelo menos 65 anos. Parecia mais nervoso do que eu. Quando nossos olhares cruzaram, encarou-me com olhos arregalados e balançou lentamente a cabeça, como se estivesse dizendo: "Se isso der merda, você segura as pontas." Virei-me outra vez para a testemunha.

— Pois não? — indaguei.

Bobby LaPray respirou fundo.

— Pode ir parando com esse negócio de bancar o bonzinho.

Só que a palavra que ele usou não foi "negócio".

— Vocês advogados são a pior coisa que aconteceu aos Estados Unidos — continuou ele. — Tudo o que fazem é mentir.

Ele deu um tapa na mesa, ergueu a mão, apontou para mim e disse:

— Vai em frente, continue com essas perguntas idiotas. Mas fique sabendo que não confio nem um pouquinho em você! Como falei, os advogados são a pior coisa que já aconteceu a este país — repetiu.

A estenógrafa me lançou um olhar ansioso.

Nesse momento, uma centena de pensamentos passou pela minha cabeça.

Para começar, estou muito acostumado a lidar com esse estereótipo depreciativo, particularmente contra advogados de defesa. Faço de tudo para combater essa imagem, embora seja uma reputação que alguns, francamente, fazem por merecer. De modo que uma piada depreciativa ou um comentário sarcástico sobre minha profissão não é nenhuma novidade. Eu compreendia.

Em segundo lugar, não o culpava por sua desconfiança. Não porque estivesse tentando enganá-lo, mas porque, a seu ver, eu representava todas as coisas ruins que ele achava que sabia ou ouvira dizer sobre a lei, os advogados e "o sistema". Claro que não havia razão alguma para ele confiar em mim. Eu compreendia.

O que me deixou incomodado foram as "perguntas idiotas".

Sei perfeitamente que todos os dias faço um monte de coisas idiotas. Mas se há algo que não faço são perguntas idiotas.

Nesse momento, fui dominado pela raiva. Senti a tensão se esparramar por todo meu corpo. Minhas orelhas ficaram quentes e me ajeitei na cadeira. Percebi que me coloquei na defensiva. Minhas perguntas até o momento mal haviam roçado a superfície. Não tinham nada de difíceis nem mesmo desconfortáveis. *Idiota? Vou mostrar pra ele quem é o idiota*, pensei. Senti vontade de dar o troco fazendo piadinhas maldosas sobre a relação entre seu tamanho e sua inteligência. Umas poucas palavras mordazes ditas no instante apropriado bastariam para pôr o sujeito em seu devido lugar. Tentei dizer a mim mesmo que sua reação era tudo que eu precisava saber sobre quem ele realmente era.

Mas já me enganara antes.

Quando eu estava na terceira série, minha escola iniciou um programa de leitura em duplas, combinando leitores proficientes a colegas que ainda não haviam aprendido a ler. Foi assim que me colocaram em dupla com Evan. Duas vezes por semana, acomodados nos pufes da biblioteca, eu o escutava ler penosamente em voz alta livros como *Brown Bear, Brown Bear, What Do You See?*, de Bill Martin Jr. e Eric Carle.

Evan era bem maior do que eu. Na época, eu não conseguia atinar como alguém tão grande não sabia ler. Quando ele encontrava uma palavra que não conhecia, meu papel era ajudá-lo a pronunciá-la. Mas suas dificuldades persistiam. Assim, descobri maneiras de explicar as coisas de modo diferente para ele, associando as palavras a expressões fáceis de lembrar ou criando metáforas de improviso com algo ao nosso redor. Fiquei bom em bolar pequenos truques para prender o interesse de Evan, facilitando a memorização de ideias mais complicadas.

Às vezes aproveitávamos o intervalo do almoço para fazer nossas sessões de leitura. Certo dia, ao tirar meu almoço do saco de papel pardo com uma carinha sorridente desenhada a caneta por minha mãe, notei que um professor trouxe para ele uma bandeja do refeitório.

A mãe de Evan não preparava o almoço dele. Comecei a perceber que suas roupas nunca pareciam do tamanho certo, como se fossem três vezes maiores que ele.

Em outra ocasião, quando repassávamos as palavras *throw*, *threw* e *through*, foneticamente quase indistinguíveis, tentei ajudar usando como exemplo a forma como ele jogava uma bola de beisebol para seu pai.

— Não conheço meu pai — respondeu Evan, com o rosto impassível.

Eu me lembro vividamente de sentir que não conseguia mexer a boca. Fiquei sem palavras. Aquilo partiu meu coração. Mais tarde, eu descobriria que Evan morava com os avós. Seu pai sumira pouco depois de ele nascer. Sua mãe estava na prisão. Mas, na terceira série, eu não tinha ideia de sua realidade, das reais dificuldades enfrentadas por ele. Com pais atenciosos que liam e contavam histórias para mim à noite, percebi naquele momento que Evan vivia em um mundo sobre o qual eu nada sabia.

Durante o semestre de outono e no ano seguinte, as habilidades de leitura de Evan melhoraram a cada sessão, a ponto de ele ser capaz de ler sozinho. Eu não cabia em mim de orgulho. Ter contato com as angústias pessoais do meu colega foi mais um momento que transformou minha infância. E uma lição que levei para o resto da vida.

Insultar aquele gigante de três metros de altura não ajudaria em nada. Quando muito, só serviria para destruir seu depoimento, bem como meu rosto. Além do mais, o processo movido por meu cliente necessitava da informação que ele tinha. *Abaixa as armas, Jefferson*, aconselhei a mim mesmo. Soltei o ar lenta e silenciosamente pelo nariz. Conforme a tensão deixava meus ombros, meus pensamentos de retaliação desapareceram.

Mas o que me deixou mais curioso foi sua reação desproporcional. Sempre que alguém vai de zero a cem durante uma conversa, é um sinal revelador de que há outro diálogo se desenrolando na cabeça da pessoa, para o qual não fomos convidados. Alguma razão desconhecida levou a melhor sobre seu autocontrole e começou a incitar suas reações. O que vemos é só a ponta do iceberg.

O que mais está em jogo aqui? Com quem estou falando realmente? Eu tinha a intenção de descobrir.

Aguardei cerca de dez segundos após sua última frase — "advogados são a pior coisa que já aconteceu aos Estados Unidos" —, sorri levemente e falei devagar: "Bom, acho que tem razão." Depois de mais uma pausa de dez segundos, recostei na cadeira e passeei os olhos pela sala. Quando me senti preparado, curvei o corpo para a frente e apoiei os antebraços na mesa.

— Diga-me, por favor. Qual foi sua maior dificuldade este ano? — perguntei.

Bobby LaPray ergueu o rosto e me olhou nos olhos.

— Como assim? — bufou com menosprezo.

Repeti.

— Qual foi a maior dificuldade pessoal que o senhor enfrentou este ano?

Quando Bobby LaPray compreendeu a pergunta, as emoções lentamente se esvaíram de seu rosto. Ele ficou imóvel. Permaneci em silêncio conforme seus olhos pareciam procurar o que dizer. Após algum tempo, ele enfim abriu a boca, gaguejando palavras entrecortadas e hesitantes, como se estivesse constrangido ao falar a respeito.

— Eu, hã, precisei pôr minha mãe em um lar de idosos no mês passado. Meu... meu pai faleceu faz tempo e meu irmão trabalha em plataforma de petróleo, nunca para em lugar algum. Então sou só eu. Fui o único que restou para cuidar dela. Tem um monte de papelada e burocracias que não compreendo.

Ao contrário do Bobby LaPray que nem dois minutos antes soltara os cachorros para cima de mim, esse Bobby LaPray pareceu derrotado ao falar. Pareceu assustado. E, de algum modo, pequeno.

Levando alguns segundos para absorver suas palavras, respondi delicadamente.

— Lamento. Não consigo imaginar como deve ser.

Ele balançou ligeiramente a cabeça, pressionando os lábios.

— Mas posso afirmar o seguinte: — fiz questão de fitá-lo nos olhos — você é um bom filho.

Ele baixou imediatamente o rosto para escondê-lo de mim. Seus ombros maciços estremeceram. E, como gelo derretendo no topo de uma montanha, Bobby LaPray começou a chorar.

Pedi que a estenógrafa parasse de registrar por um minuto.

— Tudo bem — tranquilizei-o. — Vou apenas ficar aqui com o senhor.

Em meio às lágrimas, Bobby LaPray confessou seus temores pela saúde de sua mãe. Contou-me sobre as cartas intimidadoras, que ameaçavam executar a hipoteca da casa dela, que vinha recebendo de... bem, advogados. Disse que os bancos e o governo estavam pedindo coisas que ele não compreendia. Sentia-se desamparado. Desejava que seu pai estivesse vivo. Fiquei com o coração partido. Ele habitava em um mundo sobre o qual eu nada sabia. Pensei em Evan.

Bobby LaPray vinha aguentando sozinho o peso de tudo isso. Por vinte minutos, ficou ali sentado, desabafando. Com permissão de seu advogado, pedi seu e-mail. Imediatamente, com ele em cópia, enviei um e-mail para uma colega que lidava com direitos de idosos e planejamento patrimonial. Ela respondeu minutos depois, combinando em tom entusiasmado de se reunir com Bobby LaPray na segunda-feira seguinte.

— Obrigado — disse ele.

— Sem problema — falei. — Podemos continuar?

Ele fungou com força, limpou o nariz na manga da camisa e se aprumou na cadeira.

— Claro — respondeu com um sorriso fraco. — Estou pronto.

Pelo restante do depoimento, conversei com o verdadeiro Bobby LaPray. Suas respostas foram diretas e cooperativas. Ele falava com mais jovialidade. Ficou mais animado, até fez algumas piadas. Não parecia mais prestes a me esganar.

— Terminamos — anunciei enfim. — Isso era tudo que eu tinha a perguntar. Obrigado pelo seu tempo.

Quando todo mundo se levantou, fui em direção à porta e estendi a mão. Preparei-me para outro doloroso aperto. Em vez disso, no último segundo, Bobby LaPray se aproximou de mim e me deu um abraço de urso. Só o que pude fazer foi sorrir e dizer:

— Boa sorte.

Não olhei, mas tenho quase certeza que meus pés não estavam tocando o chão.

A pessoa que vemos

Passei por incontáveis interações como essa ao longo da vida. Às vezes, a outra pessoa é o Bobby LaPray. Em outras, o Bobby LaPray sou eu. Mas por que isso acontece? Como somos mais capazes de obter o que queremos se abrirmos mão da ideia de vencer uma discussão? Por que estabelecer uma conexão com outro indivíduo parece nos deixar em posição vantajosa? E como aproveitar esse ponto forte em nossa comunicação?

É fácil acreditar que a comunicação deva ser simples e objetiva. Um mundo onde digamos "Você está enganado" e a resposta imediata seja, "Puxa, é verdade, estou mesmo"; onde alguém diga "Tudo bem" e a única interpretação possível seja que a pessoa definitivamente não tem problema algum. Onde o que vemos por fora represente tudo que há por dentro e onde a carapuça sempre sirva. É desse jeito que achamos que deveria ser. É desse jeito que gostaríamos que fosse.

Mas não é.

Quando acusamos alguém de estar errado, a pessoa se torna mais convicta de sua razão. Quando alguém diz que está tudo bem, muitas vezes significa tudo menos isso. Nunca é tão simples quanto encontrar estereótipos que se encaixem. Levando em conta esses problemas, quero me adiantar e anunciar um tema central deste livro, esperando que, se a ficha cair, possamos admiti--lo em nosso íntimo:

*A pessoa que vemos não é a pessoa
com quem falamos.*

Como diante de um rio e sua correnteza profunda, nossos olhos e ouvidos captam o que está por fora, os sinais físicos da pessoa, moldando nossa percepção e o juízo que fazemos dela. Mas é na superfície que reside sua verdadeira essência. Por exemplo:

- o colega de trabalho que vemos está agitado e impaciente. O colega com quem falamos não dormiu bem à noite porque está preocupado, tentando convencer o irmão a tratar um vício;
- o atendente que vemos no caixa está disperso e desatento. O atendente com quem falamos está preocupado porque não tem dinheiro para comprar o material escolar dos filhos;
- o cônjuge que vemos está tenso e impaciente. O cônjuge com quem falamos teve um dia horrível no trabalho, a começar pelo e-mail de um cliente mal-educado.

Ou, no meu caso, o gigante que eu via estava agressivo e na defensiva. O Bobby LaPray com quem falei, por outro lado, sentia-se sozinho e estava preocupado com a mãe. É essa outra pessoa com quem falamos, a que não conhecemos, que precisamos alcançar quando o conflito começa a pôr tudo a perder. Compreender que há mais sob a superfície é uma coisa, descobrir como nos conectarmos a esse eu mais profundo, já é outra. Então, como devemos agir para chegar até ele?

As dificuldades que escutamos

Quando Bobby disse que minhas perguntas eram idiotas, precisei me controlar com toda a força para não retrucar. Nesse momento, as necessidades do caso ficaram em segundo plano e minhas necessidades tomaram a dianteira. Meu desejo de ser visto como o dono da razão me fez perder o rumo para quaisquer outras alternativas. Eu queria vencer. É o que se espera de mim.

"Ah, você é advogado? Você deve levar a melhor em todas as discussões." Escuto isso o tempo todo. Também não é verdade.

Graças aos incontáveis livros por aí que alegam ensinar como se vence uma discussão, todo mundo imagina que isso é o que se deve fazer. Vencer. Então me permita dizer uma coisa. Se esse é o motivo por que decidiu ler este livro, pode devolvê-lo. A promessa de vencer uma discussão é um discurso de vendas batido e superestimado. Não é disso que o livro trata, e já explico o porquê.

Para começar, não é preciso estar com a razão para vencer uma discussão.

E em segundo lugar, mesmo vencendo, saímos de mãos abanando.

Vencer discussões é uma derrota certa. A vitória significa que provavelmente perdemos algo muito mais valioso — a confiança da outra pessoa, seu respeito ou, pior ainda, a conexão que tinham. Seu único prêmio por ter vencido é o menosprezo dela.

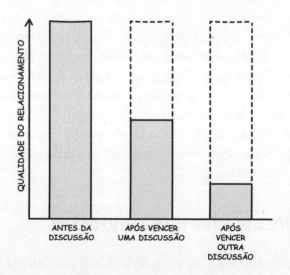

E para quê? A discussão está encerrada. A conversa terminou. Você ganhou. Parabéns. Qual é a sua conquista? A mesma questão não resolvida ao custo de mágoas e um silêncio constrangedor. E é muito provável que de todo jeito ainda tenha que encontrar um modo de se comunicar com a pessoa. Ainda precisa conviver, trabalhar com ela. Dependendo do que disse, agora talvez seja sua vez de ter que se desculpar. Qualquer eventual sensação de orgulho terá vida breve em comparação aos danos duradouros causados à relação de vocês.

Advogados não vencem discussões. Eles não podem selecionar os fatos relativos a seu cliente, tampouco escolher a qual lei seguir. Tudo passa por um filtro de admissibilidade, e então cabe ao juiz ou ao júri aplicar a lei segundo as evidências. Tem mais a ver com dar voz aos fatos do que vencer uma discussão.

A competição na comunicação convenceu a sociedade de que o mundo se divide em "certo" e "errado", "vencedores" e "perdedores". Após um debate político, a primeira pergunta que alguém faz pela manhã é sempre "Quem ganhou?". Mas se retrocedermos à Grécia antiga, discurso não tinha nada a ver com vencer. Um debate com pontos de vista opostos era um meio de apurar a verdade. Expor os pontos fracos nos argumentos de outra pessoa servia para fortalecê--los e refiná-los, não para os descartar. Um debate podia durar dias, até mesmo semanas, proporcionando tempo para que cada debatedor obtivesse uma perspectiva e explorasse questões controversas.

Hoje em dia, a tendência é fazer exatamente o contrário. Em vez de permitirmos que as divergências nos deixem abertos ao aprendizado a partir da perspectiva alheia, nós as ignoramos. Em vez de refinar nossa compreensão, tratamos o ponto de vista do outro como uma ameaça. Usamos as redes sociais como um megafone pessoal para manifestar em alto e bom som toda nossa discordância.

Seja sincero. Quantas vezes você mudou de opinião após ver um post em uma rede social ridicularizando seu ponto de vista? E quantas vezes um post seu criticando outro ponto de vista mudou a opinião de alguém? Nunca. O mundo gira, os noticiários tratam de outros assuntos e, no dia seguinte, ninguém mais dá a mínima. Então, e agora? O que você conseguiu provar?

A forma mais rápida de perder a paz de espírito é entregá-la a alguém. Derrotar uma pessoa em uma discussão pode alimentar o seu ego, mas ainda assim o deixará faminto. Raramente vencer um bate-boca leva a uma melhoria concreta em sua vida, se é que alguma vez o fez. Como gosto de você, vou dizer a verdade:

Nunca vença uma discussão.

Quer seja um debate, uma discussão acalorada ou um leve atrito, seu objetivo não é "vencer". É desvelar o fio da meada. Comece pelas pontas soltas até descobrir o cerne da questão. Aí você encontrará o nó.

Este é um livro sobre nós. A parte complicada de relacionamentos sociais que, vamos admitir, preferiríamos evitar. Desembaraçar fios enroscados exige tempo, investimento emocional e esforço. É isto o que os conflitos de comunicação representam: uma dificuldade.

A discussão é uma janela para as dificuldades enfrentadas pela outra pessoa. Em toda conversa tensa há um momento em que um dos lados não encontra as palavras certas. Às vezes não compreendemos o que o outro está tentando dizer. Às vezes estamos de mau humor. Às vezes discordamos. Não se trata de um choque de opiniões; é um choque de mundos, um abalo no modo como enxergamos a vida. Por trás de toda palavra ríspida ou impensada há uma explicação, um porquê. E se nos disciplinarmos para chegar a ela, se formos capazes de descascar as camadas da argumentação para identificar a dificuldade, o medo ou a esperança que se escondem por trás dela, é aí que começa a verdadeira comunicação.

Pois, no fim das contas, não tem a ver com a discussão. Tem a ver com espiar pelo buraco da fechadura para enxergar o mundo da outra pessoa e perceber que muito possivelmente seu tão almejado triunfo nem sequer era o que você precisava.

O desafio da aceitação

A maioria das pessoas entende que o sucesso advém de enxergar o fracasso não como um retrocesso, mas como um degrau. Admitir o fracasso é parte do processo. Aprendemos a ficar mais fortes com nossos erros. As falhas de comunicação, como ocorrem em desentendimentos e discussões, fazem o mesmo. Elas levam ao sucesso porque revelam aspectos a serem melhorados, proporcionando uma percepção sobre como enriquecer nossas interações. Quanto mais importante a conversa, maior a necessidade de lidar com o conflito de forma eficaz. Se vivenciado corretamente, o conflito não é uma briga. É uma oportunidade. Um catalisador de conexões reais e significativas, se estivermos dispostos a encará-lo como tal.

Quais experiências de vida moldaram sua forma de enxergar o conflito?

Quando crianças, responder "Não!" com uma postura desafiadora ou bombardear os adultos com "Por quê?" são nossa maneira de explorar o mundo. Causa e efeito. Na adolescência, essas simples reações infantis dão lugar a comportamentos mais complexos que envolvem encontrar nosso lugar no mundo e nossa identidade fora do ambiente familiar. As roupas que usamos, a música que escutamos, até a turma com quem andamos são uma afirmação sobre quem gostaríamos de ser. Ao chegar à vida adulta, as discordâncias passam a ter menos a ver com a afirmação da individualidade do que com a coexistência em sociedade. Nossas conversas giram em torno de assuntos como filhos, carreira, o sonho da casa própria. Ou, no meu caso, qual aspirador de pó comprar e se a peça de mobília que encontrei na garagem dos meus pais ainda "dá para o gasto". Na vida adulta, há novas variáveis em jogo. Nossas responsabilidades aumentam à medida que precisamos pensar coletivamente, agora que somos responsáveis por outros além de nós mesmos, como pais idosos ou filhos. Passamos a nos interessar por questões mais amplas, como a política, os assuntos locais e os acontecimentos mundiais.

A despeito de sua idade, tudo pode parecer ainda mais incerto. Quando isso acontece, nossa tendência é nos apegarmos ao que sabemos — experiências pelas quais passamos e comportamentos em que nos espelhamos ao longo de nossa formação.

Pergunte-se: de que modo presenciar discussões em minha infância influenciou a forma como entro em conflitos hoje?

Se gritos e agressividade eram os métodos de resolução de conflitos em sua casa, você talvez ache que é assim que se resolvem as coisas, mesmo sabendo que essa não é a maneira ideal de comunicar uma ideia. Por outro lado, se na sua casa todo mundo pisava em ovos para contornar as discordâncias e manter uma fachada, ou evitava discutir por medo do que os vizinhos iam pensar, você talvez não se sinta muito à vontade para mergulhar fundo numa discussão.

Lembro de um verão em que fiquei na casa de um amigo, quando era criança. Os pais dele quebraram o maior pau na nossa frente — portas batendo, o barraco completo. Fiquei morrendo de vergonha. Meus pais costumavam discutir a sós, resolvendo as diferenças a portas fechadas em seu quarto ou esperando até termos ido para a cama. Assim, quando vi os pais dele se estranhando daquele jeito, tive certeza de que estava diante de um divórcio iminente. E meu amigo? Nem piscou. Para ele, não passava de um dia normal.

Em retrospecto, talvez você sinta certo desconforto em como as pessoas lidavam com os conflitos ao seu redor. Talvez tenha lembranças ruins de presenciar discussões que traziam à tona o pior de seus entes queridos. Talvez se pegue repetindo as palavras deles ou reproduzindo suas atitudes — até nos mínimos detalhes, como maneirismos do gestual ou do tom de voz. A certa altura da vida você começa a perceber que as cenas que testemunhou não eram lá muito saudáveis. E não consegue deixar de se perguntar se sua vida não teria sido mais fácil caso tivesse presenciado estratégias melhores para lidar com conflitos.

Se esse é o seu caso, peço que encare o desafio de romper o ciclo.

Chega de tratar discussões como batalhas a serem vencidas: pense nelas como uma oportunidade de compreender a pessoa por trás das palavras. Chega de escutar apenas o que é dito e comece a dar ouvidos ao que ela sente. Desenvolva a disciplina necessária para se conectar a quem está diante de você.

Admita as falhas na comunicação e aprenda com elas. Use esses lapsos como degraus para se tornar bem-sucedido e torne as condições propícias para que coisas mais positivas e reais entrem em sua vida — como receber o abraço de urso de um sujeito que até pouco antes parecia querer estrangulá-lo.

Agora, muito provavelmente os temas apresentados nas páginas a seguir não vão ser novidade alguma para você. Você já sabe que deve falar com confiança e controlar suas emoções. Que deve evitar ficar na defensiva e externar suas opiniões. A questão é: "Certo, mas como faço isso?"

Bem, tudo começa pelo que você diz em seguida.

RESUMO DO CAPÍTULO

- A pessoa que você vê não é a pessoa com quem está falando. Todo mundo tem suas superfícies e profundezas. Muitas vezes, as emoções que percebemos na voz de alguém são sinais não de discordância, mas da tentativa de se conectar.

- Não dê ouvidos à lorota de que é preciso vencer as discussões. Quando tentamos vencê-las, tendemos a perder muitas outras coisas, como a confiança ou o respeito do interlocutor. Em vez disso, encare as discussões como uma janela para as dificuldades da outra pessoa.

- O conflito pode ser um catalisador de mudanças positivas em nossa vida. Para explorá-lo, devemos estar dispostos a nos conectar com o indivíduo diante de nós.

- Transformar seus conflitos em conexões pavimenta o caminho para uma vida mais gratificante e significativa. Tudo de que você precisa reside no que você dirá em seguida.

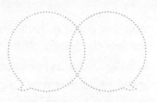

CAPÍTULO 2
Sua próxima conversa

B zzz.
Ao olhar para a tela do seu celular, você vê uma mensagem que não esperava: "Estou pronto para conversar."

É um amigo — pelo menos, você acha que ainda é. Algumas semanas antes, houve uma briga e você acabou chamando-o de egoísta e carente. E você foi chamado de presunçoso e controlador. Nenhum dos dois quis ceder nem estender a mão. Mas vocês têm tantos conhecidos em comum que é impossível não se esbarrarem por aí. Só que continuam sem se falar. Para ser sincero, a situação está ficando um tanto constrangedora.

Relendo a mensagem, você quase sente que saiu vitorioso nesse cabo de guerra, mas a verdade é que estava disposto a conversar desde a semana anterior. Agora você está pronto para deixar o orgulho de lado. "Eu também", é sua resposta. "Que tal um almoço amanhã?"

Segundos depois, seu amigo responde: "Parece ótimo. Até mais."

No dia seguinte, vocês estão sentados à mesa. Após jogar conversa fora, você quebra o gelo.

— As coisas que você disse me deixaram muito magoado.

— Você ficou magoado? — retruca seu amigo, o tom acusatório.

Você repete:

— Isso mesmo, o que você disse me magoou. Você não parecia nem aí.

Seu amigo praticamente o interrompe.

— Bom, eu não teria dito aquilo se você não tivesse reagido como reagiu.

Espera aí, pensa você, não é esse o rumo que essa conversa deveria tomar. Não é isso que ele deveria dizer. Você imaginou seu amigo se desculpando e caindo em si por causa de seu comportamento terrível. Balançando vagarosamente a cabeça, suas narinas se dilatam e suas sobrancelhas se contraem. *Ah, é assim que vai ser? Então tá.*

Você fala:

— Eu? Não. Quem começou foi você.

Seu amigo responde depressa:

— Acho engraçado que você...

E por aí vai.

A conversa não tarda a desandar, como aconteceu algumas semanas antes. Você pensa: *Isso foi um erro. Fui um estúpido por achar que ele faria outra coisa além de pensar em si mesmo.* Mas mesmo assim continua a discutir. Você sabe que provavelmente deveria ceder um pouco em prol da preservação do diálogo, mas não. Agora é uma questão de princípio. *A razão está do meu lado*, diz a si mesmo. Nesse ínterim, seu amigo tem pensamentos e sentimentos bem parecidos com os seus. Após mais alguns minutos de bate-boca, ele diz:

— Quer saber? Esquece. Eu tinha certeza que ia ser perda de tempo — Ele levanta da cadeira e parte abruptamente.

Você perdeu totalmente o apetite e fica ali sentado com um almoço pela metade e a conta. Você se pergunta se a amizade chegou ao fim e se você de fato se importa. Mas, nem bem esse pensamento lhe ocorre, percebe que sim e que não está pronto para abrir mão dela.

Quem dera você tivesse as palavras certas para dizer da primeira vez.

O poder da sua próxima conversa

Em uma comunicação, a única garantia é que fatalmente diremos a coisa errada. A boa notícia é que não precisamos seguir fazendo isso. Esse é o motivo pelo qual sua conversa seguinte em geral importa mais do que a primeira.

Você pode mudar tudo na sua próxima conversa.

Sem dúvida, as conversas iniciais, quando conhecemos alguém e provocamos as primeiras impressões, são importantes. Mas o teste para saber se o acontecimento deixará uma impressão duradoura é a conversa seguinte. Em uma entrevista de emprego, um primeiro encontro, uma primeira reunião, ninguém baixa a guarda e todos se comportam. Com o tempo, a camada superficial desaparece e a pessoa que achamos conhecer pode acabar revelando ser alguém completamente diferente: o recém-contratado que deixou todos animados se revela péssimo para trabalhar em equipe; a pessoa de quem gostamos o bastante para marcarmos um segundo encontro diz algo que certamente vai nos dissuadir de um terceiro. E quanto àquela reunião de projeto em que todo mundo pareceu aprovar sua ideia? Acontece que ninguém estava de fato muito empolgado com ela. Há algo na conversa subsequente que deixa os envolvidos mais à vontade para esquecer os rodeios iniciais. Nesse sentido, esse tipo de conversa pode ir mais diretamente ao ponto.

Além disso, são mais terapêuticas. Pense em uma discussão acalorada, por exemplo. A tensão aumenta e os dois lados às vezes começam a elevar a voz. Depois de dispersar um bocado de energia, a conversa perde o ímpeto e cessa. Pode ser questão de minutos, ou até de anos, mas, em algum momento, talvez haja uma tentativa de reconciliação. Durante uma conversa posterior tendemos a falar mais baixo e a não ser tão reativos, além de usar frases como: "O que eu quis dizer foi..." Ambas as partes estão dispostas a resolver as desavenças. A conversa seguinte conta com a vantagem da visão em retrospecto e da reflexão, em que compreendemos o que faltou da primeira vez. Há muito a ser feito em uma conversa seguinte: reformular ideias, pedir desculpas, rir de nós mesmos.

Você já sabe disso.

Talvez você esteja lendo este livro devido às muitas — incontáveis — conversas que teve com aquele alguém complicado em sua vida. Você chegou até aqui porque precisa saber como agirá na próxima conversa. Com quem ela será? Que assuntos precisam ser discutidos e nem foram mencionados ainda? Durante a leitura, imagine como seria aplicar esses métodos às diversas oportunidades de comunicação em sua rotina.

Tudo que você tem a dizer, e a forma como quer fazê-lo, pode ser encontrado na conversa seguinte.

Por que uma conversa precisa ter objetivos?

Deixo aqui um alerta importante sobre conversas subsequentes: não se deixe guiar pelo modo como elas se desenrolam na sua cabeça. Podemos ensaiar aquela conversa difícil com um amigo uma dúzia de vezes e mesmo assim ver tudo sair pela culatra. Por que isso acontece? Por que as conversas são tão perfeitas na nossa imaginação, mas vão por água abaixo na vida real?

Resposta: porque sua expectativa o levou à decepção.

Quando estabelecemos objetivos irreais ou impossíveis, estamos esperando demais da outra pessoa, bem como de nós mesmos. Sei que soa estranho dizer isso, mas você está querendo erguer demais o sarrafo. Está colocando o carro na frente dos bois.

Em vez de dizer a si mesmo: "Preciso consertar as coisas agora mesmo" ou "Tudo deve voltar exatamente ao que era antes", determine um objetivo mais fácil de alcançar. Pode ser algo tão simples como: "Vou ouvir a perspectiva dela sem ficar na defensiva" ou "Vou escutar sem interromper". Procure dar um pequeno passo para a melhor compreensão mútua, em vez de esperar por coisas impossíveis.

No nível mais básico, seus objetivos para a conversa devem se alinhar a esta mentalidade:

Tenha algo a aprender, não a provar.

Quando almejamos metas mais modestas e alcançáveis voltadas antes ao aprendizado do que à reafirmação, há maior probabilidade de termos conversas produtivas que nos direcionem para o caminho do sucesso.

QUANDO SUA CONVERSA TEM OBJETIVOS

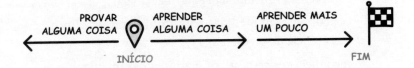

Voltando ao exemplo do almoço com o amigo, você não tinha uma ideia muito definida do que esperava extrair da conversa antes de sentar-se à mesa. Quer dizer, exceto ouvi-lo admitir que você estava 100% certo e ele 100% errado. Então, quando ele estivesse à beira das lágrimas, você, como o misericordioso amigo que é, consentiria em acolhê-lo de volta a suas boas graças.

É melhor esperar sentado.

Começar uma conversa difícil sem planejamento, simplesmente torcendo por um resultado perfeito, totalmente a seu favor, é uma linha reta rumo à decepção. Para a conversa efetivamente mudar algo, é preciso haver objetivos definidos e realistas. Com ênfase em realistas.

Compare estes objetivos delirantes com outros bem mais acessíveis:

- Objetivos irreais:
  - esperar por um pedido imediato de desculpas e a admissão de que "Você tinha razão";
  - imaginar que sua opinião será aceita sem questionamento;
  - acreditar que uma única conversa servirá para sanar todos os problemas subjacentes do relacionamento;
  - presumir que a conversa naturalmente levará o outro a enxergar a partir de sua perspectiva;
  - achar que o outro dará o braço a torcer e fará um *mea culpa* por todas as questões levantadas por você.

- Objetivos realistas:

  - assegurar que a outra pessoa saiba que você se importa com ela;
  - compreender melhor a perspectiva alheia;
  - concordar com medidas para minimizar ou eliminar a recorrência do problema;
  - reconhecer os respectivos sentimentos sem julgar;
  - terminar a conversa sentindo que foi ouvido, mesmo que não tenham chegado a um acordo.

Está vendo a diferença?

A cada dez conversas, seu ponto de vista será prontamente acatado zero vezes, mas você certamente pode compreender melhor o ponto de vista da outra pessoa em nove a cada dez vezes. Ao estabelecer objetivos realistas, você estrutura o diálogo em torno de expectativas que podem ser atendidas. Para encontrar os objetivos da sua próxima conversa, tente se perguntar coisas como:

1. Se eu pudesse escolher, qual seria o ponto principal que eu gostaria que fosse compreendido?
2. Que pequeno gesto farei para demonstrar que estou escutando?
3. Quais são meus pressupostos em relação à pessoa?
4. Como demonstrar minha gratidão pela oportunidade de conversar?
5. Há algum aspecto nisso tudo em que estou tentando sair por cima?

Responder a essas perguntas o ajudará a formular objetivos que o levarão a chegar ao ponto desejado na conversa. Lembre-se de que isso é apenas meio caminho andado. O objetivo não passa de um destino. Também é preciso um meio para chegar lá.

Por que uma conversa precisa ter valores?

Em uma conversa, os valores funcionam como uma bússola pessoal, assegurando que seus objetivos indiquem a direção do que você considera verdadeiramente importante, gratificante e significativo. Independentemente do tema de discussão, seus valores sempre apontam para o norte verdadeiro. Em vez de se concentrar na outra pessoa, seus valores conversacionais respondem à pergunta: "Como defenderei meus valores?" Ou seja, como você quer ser visto ao final da conversa?

Eis um breve exemplo. Digamos que seu objetivo seja encerrar a conversa sentindo-se ouvido e que seu valor seja a sinceridade. Ao final, a outra pessoa pergunta: "Estamos conversados?" Normalmente você ficaria tentado a concordar só para pôr uma pedra no assunto. Mas, no fundo, continua sentindo que não foi ouvido. Em vez de responder com um descompromissado "estamos", você diz: "Agradeço pelas coisas que falou e entendo sua perspectiva. Mas, de minha parte, acho que ainda não fui totalmente entendido." Ao se manter fiel a seu compromisso com a sinceridade, você garante que alcançará seu objetivo sem atentar contra seus princípios.

Os valores projetam uma imagem de quem somos e do que defendemos. Em um diálogo, também ajudam a demonstrar os comportamentos que influenciam como escutamos, reagimos e nos envolvemos. Quando alinhamos o diálogo a nossos valores, ficamos preparados para alcançar nossos objetivos até antes de a conversa começar.

Pense nos momentos em que se sentiu mais como você mesmo. Não estou me referindo a suas lembranças mais felizes. Pode ser quando ajudou alguém ou defendeu algo em que acredita. Reflita sobre os valores que expressou nesses momentos. Compaixão? Justiça? Equidade? Pense nos valores que considera importantes em seus amigos mais próximos.

Um exercício fácil para ajudá-lo a encontrar seus valores pessoais é consultar quem o conhece melhor, como um amigo íntimo, o cônjuge ou alguém da família. Faça à pessoa cada uma das seguintes perguntas e escreva suas respostas.

1. O que você acha que considero importante, com base em nossas conversas diárias?
2. Quais três palavras você usaria para descrever minha personalidade a alguém que não me conhece?
3. Quais assuntos me deixam mais entusiasmado?
4. Que qualidade eu mais valorizo nas minhas amizades?
5. Qual emoção você gostaria que eu demonstrasse com mais frequência?

Não há respostas certas ou erradas, embora você talvez se surpreenda com o que vai ouvir. Essa pesquisa se destina apenas a ajudá-lo a perceber a imagem que você atualmente projeta no mundo. Depois do feedback, tire um tempo para si. Reflita sobre como gostaria de ser lembrado — quem você quer ser, pelo que deseja ficar conhecido, o bem que você deseja espalhar pelo mundo. Talvez leve horas, semanas ou até meses para internalizar e identificar seus valores pessoais. Não tem problema. Vale o tempo investido. E lembre-se de que seus valores não precisam ser expressos em uma única palavra. Também podem vir na forma de frases ou textos maiores. O importante é que façam sentido para você. A título de ilustração, eis alguns dos meus:

- Onde houver margem para a bondade, eu a usarei.
- Dizer quem sou sem dizer meu nome.
- Se não posso ser uma ponte, serei um farol.

Meus valores pessoais enfatizam as coisas que são importantes para minha personalidade. A bondade, por exemplo, me faz pensar em minha mãe e no modo como ela trata a todos. Além disso, quero tratar os outros com bondade, independentemente de seu comportamento. Quero que minhas ações falem mais alto do que minhas palavras. E quero ser uma fonte constante de luz, um lugar seguro ao qual se pode voltar, mesmo quando uma resolução não seja imediatamente possível. Esses valores ajudam a me alinhar aos momentos em que estou me comunicando. Dúvidas quanto ao que dizer ou a como agir em momentos de conflito se dissipam quando respondo respeitando meus valores.

E a questão é essa. Não precisamos nos afligir quanto ao que ou como falar. Não precisamos tentar decidir se a outra pessoa merece provar do próprio veneno. Nossos valores tomam as decisões difíceis por nós. Quando alinhamos nossa comunicação a nossos valores, aumentamos a probabilidade de atingir nossos objetivos e asseguramos que, se estivermos em apuros, nosso verdadeiro eu se fará presente. Mas isso quer dizer que o trabalho de verdade precisa ser realizado antes de abrirmos a boca.

Entendido? Perfeito. Agora, rebobinemos a fita.

Bzzz.

Ao olhar para a tela de seu celular, você vê uma mensagem que não esperava: "Estou pronto para conversar."

Após combinar um almoço com seu amigo, você alinha a sua estratégia. Em vez de esperar passivamente que a conversa se desenvolva em um passe de mágica a seu favor, ou que seu amigo de repente tenha um estalo, você considera uma abordagem mais proativa. Estabelece o objetivo de que um deve compreender melhor a perspectiva do outro. Escolhe a gratidão como valor determinante, ou seja, demonstrando reconhecimento pela amizade e pelas lembranças compartilhadas. E agora está preparado para uma nova tentativa.

Assim que se acomodam na cadeira, você diz:

— Obrigado por vir me encontrar.

— Claro, sem problema. Eu queria mesmo — responde seu amigo.

Você toma a iniciativa:

— Eu podia ter sido mais flexível.

Seu amigo responde:

— Eu também.

Um pouco mais à vontade e com seu objetivo e seus valores ainda em mente, você respira fundo e continua:

— Me ajuda a entender melhor o que você estava tentando me dizer. Onde foi que eu pisei na bola com você?

E ao longo de vinte minutos seu amigo desabafa inseguranças sobre as quais você não fazia a menor ideia. Coisas que, caso você tivesse tido a oportunidade de ficar sabendo, teriam evitado a situação em que estão agora.

Você não o interrompe. Não o contradiz. Não dá justificativas. Apenas escuta.

Sentindo-se acolhido e respeitado, seu amigo relaxa.

— Posso falar o que achei, do meu ponto de vista? — pergunta você.

— Claro, acho que isso me ajudaria — responde ele.

Em pouco tempo tudo são águas passadas, enquanto vocês dois continuam a compartilhar seus sentimentos e perspectivas.

Quando chegar a hora de passar à conversa seguinte, volto a frisar: não se paute pelo que você imaginou. Seja realista. Aja de modo deliberado. Estas perguntas ajudarão:

1. Qual é meu objetivo para essa conversa?
2. Que valores são necessários para eu alcançar esse objetivo?

Quando não perdemos de vista nossos objetivos e valores em uma conversa, mantemos a conexão ao alcance. Com quem será nossa conversa seguinte? Sobre o que ainda falta conversar? Em vez de tentar resolver todos os problemas de uma só vez, concentre-se em ter uma conversa mais breve e prática. Depois, marque outra. E outra, até a conexão se estabelecer. Aproveite o poder da conversa seguinte.

A base de um relacionamento forte é construída em torno dessa mentalidade, em que a finalidade não é vencer, mas se conectar, compartilhar e crescer junto, dia após dia, ano após ano. Que sua próxima conversa seja uma oportunidade de praticar essa transparência em relação a seus objetivos e valores.

RESUMO DO CAPÍTULO

- O primeiro passo para uma conexão é tão simples quanto sua próxima conversa.

- Acreditar que uma conversa difícil transcorrerá exatamente como a imaginamos é a receita certa para a decepção.

- Pare de colocar tanta pressão em uma única conversa. Baixe suas expectativas e estimule a mentalidade de ter algo a aprender, não a provar.

- Determine metas de conversa realistas voltadas à compreensão, em vez de almejar uma vitória rápida (e irreal). Mantenha seu objetivo apoiado em valores — as regras que você segue para assegurar a expressão do seu verdadeiro eu.

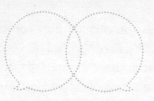

CAPÍTULO 3
A verdade sobre a conexão

Certa vez, do nada, recebi uma mensagem da minha mãe. Ela queria saber sobre o Nissan branco da família, o carro que usei na época da faculdade de direito e que passou de irmão para irmão. Ele ficava na garagem dos meus pais. Fazia anos que eu não o usava. Eis as mensagens que trocamos:

> **MÃE:** Você sabe a quilometragem do Nissan branco?
>
> **EU:** Não senhora.
>
> **MÃE:** Você não tem nem ideia da quilometragem?
>
> **EU:** Não senhora.
>
> **MÃE:** Ah, pensei que soubesse a quilometragem do Nissan branco.
>
> **EU:** Mãe, o que mais posso dizer? Não sei a quilometragem do Nissan branco.
>
> **MÃE:** Tudo bem, Jefferson. Mas não estou gostando da sua atitude.

Francamente, dei risada. E ainda bem que ela não estava na minha frente. Liguei quase na mesma hora para fazer o que um texto não poderia — transmitir meu tom casual, garantir minha boa-fé, oferecer um sincero pedido de desculpas.

Já lhe aconteceu de uma troca de mensagens, de repente, se transformar em uma discussão quando você nem estava irritado? Ou de interpretar errado como alguém o tratou ou como se sentia em relação a você com base em e-mails ou mensagens? Como pode ser que, com toda essa tecnologia para facilitar a comunicação, ela pareça mais complicada do que nunca?

A resposta é que não estamos conectados a ponto de sermos capazes de comunicar nuanças emocionais. Estamos meramente transmitindo pixels programados para aparecer como palavras e esperando obter resultados iguais.

Vivemos em mundo de transmissão, não de conexão.

A verdadeira conexão envolve compartilhar informações com profundidade. Enseja a elocução e o contexto. Toca em nossas necessidades mais profundas de pertencimento, compreensão e expressão.

As transmissões, como mensagens, e-mails etc., envolvem enviar e receber sinais por meio de uma mídia fria. São transacionais. Seu único propósito é processar e mandar sinais. Uma transmissão é eficiente, sem dúvida, mas indiferente à compreensão e à autenticidade.

Presenciamos os problemas causados pela mera transmissão todos os dias. É a razão por que as pessoas escrevem nas redes sociais comentários que jamais diriam na cara de alguém. Por isso mensagens e e-mails muitas vezes são mal interpretados. Por isso as pessoas sentem-se protegidas atrás de um teclado. Não há conexão humana na transmissão.

Será que minha mãe escutou minhas mensagens no celular como palavras em sua cabeça? Ela as leu muito bem, é claro. Mas precisava da minha voz para ouvir o verdadeiro significado.

Não me entenda mal, por favor. Certamente há um lugar e um propósito para a interação remota da atual paisagem digital. Onde nos equivocamos, contudo, é em acreditar que a transmissão pode substituir a conexão. Não pode. É como acreditar que ler uma partitura musical vai transmitir a mesma emoção de escutar uma orquestra sinfônica executando-a ou que a descrição de um pôr do sol vai ser igual a vê-lo com seus próprios olhos. A transmissão envia a informação, mas quem insufla vida nela é a conexão.

Fomos feitos para reagir ao calor de um sorriso, não para vê-lo em um emoji.

O que é conexão?

Admito que a palavra "conexão" pode estar um pouco gasta, algo como dizer a alguém para "ser atencioso". Parece ótimo e tudo mais, mas o que significa de verdade?

Em um nível fundamental, conexão é um termo pomposo para compreensão e reconhecimento. Pense nela como uma autenticação em duas etapas. É impossível se conectar sem os dois elementos. Se eu o compreendo mas você não percebe, você não se conecta comigo. E se escuto o que você diz, mas mesmo assim não compreendo, não me conecto com você. São necessários tanto o processo interno de compreensão quanto o processo externo de reconhecimento para estabelecer uma conexão.

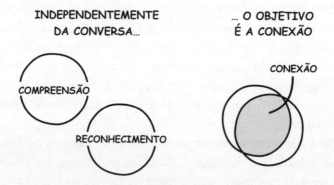

A meu ver, a conexão é o momento em que decidimos arregaçar as mangas e enxergar a conversa como ela é, não como gostaríamos que fosse. Sou capaz de compreender e reconhecer o outro sem concordar com o que ele disse. Sou capaz de compreender e reconhecer o outro e ainda assim me sentir chateado, magoado ou triste com ele.

Quando era adolescente, lembro de ficar irritado com algo que parecia injusto e manifestar minha discordância. Meu pai sempre dizia: "Você não precisa gostar. Só precisa entender." Na época, como você deve imaginar, eu não ficava muito satisfeito. Mas, com o passar dos anos, comecei a enxergar a sabedoria de suas palavras. Ele estava me dando espaço para discordar e estabelecendo uma conexão comigo para eu entender por quê.

As pessoas entendem a palavra "conexão" como se estivesse relacionada a um conflito e muitas vezes a associam a transformar algo negativo em positivo, como se dissesse respeito apenas a coisas boas e momentos felizes, a exemplo de um filme muito meloso. O mundo onde vivemos não é assim. A conexão pode ser tanto positiva quanto negativa, um canal para a felicidade e a tristeza, para o fácil e o difícil. É as duas coisas. Não temos escolha quanto ao desfecho de uma conversa. Só podemos escolher se tentamos nos conectar ou não.

E aqui vai outra verdade: às vezes, *não* se conectar é a escolha correta. Às vezes, a única resposta é a desconexão. Nem toda conversa precisa de conexão. Talvez você já tenha ouvido falar em tentar "ficar à altura de alguém" ou em "enxergar seu ponto de vista". Não concordo que isso seja uma regra imutável. Há interações em que não temos nada a ganhar tentando nos igualar à outra pessoa. Em alguns diálogos devemos manter distância do ponto de vista alheio. Algumas pessoas não querem ser acessíveis. Isso não quer dizer que você fracassou. Muitas vezes, é a escolha mais sábia.

Boa parte do que se escreve sobre comunicação hoje em dia gira em torno da ideia de que deveríamos almejar conversas fáceis, das quais todos saiam felizes e calmos. Uma comunicação honesta não tem nada a ver com felicidade ou conforto. Conexão às vezes significa ter conversas que serão incômodas. Só precisamos de controle e confiança para realizá-las, de um modo ou de outro.

Três formas de perder a conexão

Teoricamente, a comunicação deveria ser simples. Eu falo, você compreende, responde algo, eu compreendo. Mamão com açúcar, certo? Vai nessa. A comunicação no dia a dia é repleta de interferências: erros de interpretação, interrupções, comportamento defensivo e reações exageradas. Alguns indivíduos não têm consciência do impacto desses problemas em sua vida. Outros simplesmente não têm habilidade ou experiência para superá-los sem causar ainda mais problemas. Quando a comunicação é falha, em geral é porque uma ou mais destas três causas comuns interrompem a conexão.

1. Falta de consciência

Durante uma discussão acalorada, já aconteceu de você escutar a outra pessoa dizer, sarcasticamente: "Você está ouvindo o que está falando?" A resposta correta é não, não está.

Falo sério. De fato não estamos ouvindo. O som que escutamos em nossa cabeça enquanto falamos na verdade é transmitido pelos *ossos*. As vibrações das cordas vocais atravessam o crânio até o ouvido interno e fazem a voz soar mais grave e encorpada. Sons que escutamos numa gravação chegam até nós em ondas sonoras através do ar, fazendo nossa voz soar mais fina ou "estranha" comparada ao que esperávamos. Por isso, quando assistimos a um vídeo ou escutamos uma gravação de nós mesmos, costumamos pensar: *Espera aí um minuto, minha voz é assim mesmo?* Isso acontece porque não é. Pelo menos, não para nós.

Não deveria causar surpresa então ficarmos lamentavelmente alheios ao que os outros veem, escutam ou sentem quando falamos. Alheios ao nosso volume, nossos tiques e nossas interjeições. Já aconteceu de alguém lhe dizer que não gostou de seu tom de voz quando para você ele parecia perfeitamente adequado? Ou que você estava gritando quando a seu ver sua voz soava normal?

Muitas vezes, quando conversamos, nossa consciência situacional nos deixa em posição conflitante. A falta de conscientização pode trazer tensão a nossos relacionamentos — quase sempre, de forma involuntária. Imagine que após encerrar uma ligação de trabalho estressante você, sem se dar conta, franze as sobrancelhas e exibe uma expressão irritada ao cruzar com um colega e o cumprimenta com um simples "oi". Talvez esse colega agora passe a evitá-lo ou, pior ainda, comece a falar mal de você aos demais: tudo porque você estava alheio aos próprios sinais.

Você já ouviu isto antes: "Achei que estava bravo comigo."

A consciência mais difícil de atingir é a autoconsciência. Então me diga, de onde vem a tensão em seus ombros neste exato momento? Sua respiração está acelerada? Por que seu maxilar está travado? Sem autoconsciência, andamos às cegas, alheios ao chão que pisamos conforme falamos e sem ter ideia da chave para nosso próprio bem-estar.

Essa consciência nos permite identificar como nos sentimos no presente e compreender o motivo de estar desse ou daquele jeito. Ela nos permite fazer um inventário emocional pessoal e tomar uma providência com base no que descobrimos. Uma vez aprimorada, a consciência se transforma em alinhamento, um ciclo de retroalimentação contínuo que nos informa se nossa condição atual está alinhada ao momento presente. Esse alinhamento nos proporciona controle.

2. Falta de compreensão

Os problemas começam quando insistimos em ver o mundo com nossas lentes. Por mais que tentemos fazer com que a outra pessoa enxergue as coisas do nosso jeito, mais obstinadamente ela parece resistir. Em um desentendimento clássico, quase sempre um espera que o outro mude seu modo de pensar. Quando ninguém mexe uma palha para tentar compreender o outro lado, o resultado são comentários ofensivos como estes:

"Não acredito que votou nesse cara. Como você pode ser tão estúpido?"

"Você é incapaz de compreender!"

"Achei que conhecia você. Parece que falamos idiomas diferentes."

Em geral, o problema não reside nas divergências de convicção ou opinião. E sim no fracasso em compreender as diferentes *perspectivas.* Quando nos incomodamos o suficiente para nos darmos ao trabalho de querer entender por que alguém partilha de determinada crença, em vez de simplesmente criticar suas crenças por serem diferentes das nossas, só então começamos a apreciar seu ponto de vista.

Em comunicação, a compreensão felizmente é uma habilidade que pode ser aprendida. Também é uma habilidade essencial. A incapacidade de apreciar a perspectiva alheia durante um conflito é como uma barreira impedindo o seu caminho — não vai deixá-lo ir além. Porém, quando dispomos dessa capacidade, nos fortalecemos para desenvolver relacionamentos profundos e de sucesso duradouro. Chegamos a essa compreensão não apenas transmitindo, mas nos conectando genuinamente.

3. Falta de autoconfiança

Muita gente acha difícil ir direto ao ponto. Há um temor ou desconforto que acompanha todo conflito. Esse temor costuma se manifestar em gestos defensivos como virar o corpo, evitar contato visual ou cruzar os braços. Também há a tendência de usarmos as palavras para dissimular, empregando frases que suavizam ou ocultam nossos reais sentimentos. Essas frases passivas tornam a conversa mais tortuosa, como por exemplo:

"Oi, desculpe incomodar. Então, eu estava pensando, e quero que seja totalmente sincero e me diga se não vai funcionar, mas..."

"...e é por isso que acho que deve funcionar. Faz sentido pra você?"

"Provavelmente é uma pergunta boba, mas..."

Ser pouco confiante não só abala sua autoestima, como também atrapalha seu crescimento pessoal. Quando nossos próprios pensamentos são tratados como uma inconveniência, começamos a fugir exatamente das interações que seriam mais enriquecedoras para nós. A falta de autoconfiança também impede que você se torne assertivo, o que lhe permitirá chegar onde deseja — perseguir aquele sonho, seguir aquela carreira, encontrar aquele amor.

A comunicação honesta exige confiança — conexão e confiança que reafirmem suas necessidades e assegurem que sua voz seja ouvida e seus limites, respeitados, e que você se constitua como o maior defensor de si mesmo.

Uma breve nota sobre a confiança

Vamos nos aprofundar no tema da confiança no Capítulo 7. Mas, antes de prosseguir com a leitura, há algo que preciso que saiba agora. Toda vez que a palavra "confiança" aparecer nestas páginas, quero que tenha uma distinção em mente. É provável que esteja mais familiarizado com o conceito de confiança que prioriza a perfeição. A versão de confiança que lhe peço para adotar daqui em diante prioriza a consideração.

Confiança não significa não ter medo. Significa agir apesar do medo.

Confiança não significa ter sempre razão. Significa admitir quando estamos errados.

Confiança não significa evitar erros. Significa aceitá-los.

Diariamente percebo como a ideia das pessoas a respeito da confiança é equivocada. Vivo recebendo mensagens que começam com "Quem dera". Quem dera eu pudesse dizer isso, quem dera pudesse dizer aquilo. As pessoas muitas vezes falam em confiança como se ela fosse uma característica inata, como nossa altura ou semelhança com os pais. Para elas, é um padrão de perfeição. Na verdade, está longe disso. Você vai ver. O motivo de estar apontando isso agora é que se você lê a palavra "confiança" e tem dificuldade em se identificar com ela, ou acha difícil conceituá-la, está com o livro certo nas mãos.

RESUMO DO CAPÍTULO

- A estratégia que usará em sua próxima conversa pode ser a diferença entre criar ou interromper uma conexão.

- Os erros de interpretação em textos, mensagens e e-mails evidenciam a distinção entre a transmissão e a conexão.

- Conectar-se não quer dizer concordar com tudo, tampouco obter resultados positivos. É uma via de mão dupla no processo de compreender e reconhecer os respectivos pontos de vista, mesmo quando divergirem.

- Quando falta consciência, compreensão e autoconfiança, a conexão com a outra pessoa é quebrada. Na segunda parte deste livro, mostrarei como superar esses problemas mediante a aplicação de métodos simples e práticos que nos ajudam a estabelecer uma conexão.

PARTE II

Aplicação

Quem me segue nas redes sociais sabe que não sou um grande fã do trivial. Não ofereço conselhos sobre como se comunicar na linha de "escute ativamente", "demonstre empatia" ou "mantenha a mente aberta". Prefiro deixar esse tipo de coisa para os filósofos de poltrona — suas orientações podem até ser bem-intencionadas, mas não dão muito certo. E, aliás, o que fazer diante de tais afirmações? Precisamos de algo concreto, que possa ser posto em prática imediatamente.

É o que apresentarei nas páginas a seguir.

Criei uma programação para ajudá-lo a se conectar em sua próxima conversa. Funciona para meus clientes e também vai funcionar para você. A programação é simples. Como já mencionei, tem três etapas:

1. Fale com controle.
2. Fale com confiança.
3. Fale para se conectar.

Falar "o quê", exatamente? Sua opinião. Suas necessidades. Sua verdade. Acontece que isso transforma esses elementos essenciais da autoexpressão — responsáveis pelas pessoas únicas e diferenciadas que somos — em componentes que naturalmente despertam nossa voz assertiva. Às vezes, parece que nunca a escutamos antes, e às vezes essa voz parece ser uma velha conhecida. E isso é algo realmente incrível.

Essas três instruções seguem uma abordagem cognitiva para resolução de problemas chamada pensamento funcional. Se parece familiar, é porque você provavelmente já viu isso antes, há muito tempo, na aula de matemática. Você se lembra da álgebra? Pois é, eu também não. Mas se você já teve que "encontrar o valor de x", então já engajou em pensamento funcional. Em poucas palavras, pensamento funcional é observar padrões na forma como os inputs afetam os outputs.

Me acompanhe aqui.

Mesmo que tenha dormido nas aulas de matemática, você entende funções. Você as usa todos os dias. Quando coloca pó de café em uma cafeteira, você espera que o aparelho faça café. Quando pressiona o botão para baixo em um termostato, espera que a temperatura diminua. Aquela receita de bolo da sua avó? É uma função. A receita, formulada como uma série de instruções, transforma os ingredientes (inputs) em um bolo finalizado (output). Ninguém fica se perguntando por que o ovo está sendo ovo no momento — basta saber que, seguindo a receita, ou a função, podemos prever que o resultado obtido será o bolo da sua avó.

Bem, não posso lhe prometer um bolo. Mas prometo que, se seguir as instruções (inputs) da função, o resultado será uma versão sua mais arrojada e assertiva. Usando apenas uma receita que tem como objetivo melhorar a comunicação, podemos esperar obter resultados que devolvam a suas mãos o controle de sua próxima conversa.

Regra 1:
Fale com controle

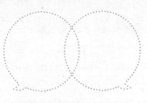

CAPÍTULO 4

Autocontrole

Isso não é baseado em uma história real. Mas poderia muito bem ser.

Lilly tem três anos. Nas duas últimas semanas, começou a resistir à hora de dormir. Insiste em ficar acordada até tarde ou vai para a cama e não para de se levantar até finalmente pegar no sono.

John tem 33 anos e é pai de Lilly. Ele acredita em uma rotina de sono flexível. Se Lilly não está com vontade de dormir, a seu ver não há problema em ficar brincando tranquilamente no quarto por meia hora até se deitar. Ele gosta da ideia de Lilly ser independente e perceber por conta própria quando o corpo dá sinais de cansaço.

Nas duas últimas semanas, John foi forçado a morder a língua.

Acontece que Grace, esposa de John e mãe de Lilly, acredita em rotinas rígidas. O horário de Lilly dormir é oito da noite. Sem exceções. Grace acredita que consistência e organização são fundamentais para a filha ter uma boa noite de sono e que isso, por sua vez, impacta em seu comportamento no dia seguinte.

Nas duas últimas semanas, Grace foi forçada a conter sua irritação.

São oito da noite, hora de Lilly dormir, e o show começa.

A pequena Lilly, totalmente alheia ao horário, está brincando em seu quarto. Parece que acabou de tomar duas xícaras de café expresso. Ninguém se ilude acreditando que ela irá para a cama cedo. Assim, quando Grace lhe dirige aquele olhar, a filha se antecipa. Com olhos bem abertos, de um jeito persuasivo que parece inato a qualquer criança, Lilly choraminga: "Mas ainda não tô com sono."

John sabe que essa rotina é desgastante para todo mundo, mas ao mesmo tempo não se aguenta. Quando Grace se afasta pelo corredor, ele diz à filha: "Tudo bem, pode brincar só mais um pouquinho. Mas depois é hora de ir dormir." John então vai até a sala, esperando que Grace não tenha escutado.

Sua esposa está ali à sua espera e diz (a voz um pouco alta demais): "O que eu falei sobre isso? A resposta é não. Hora de dormir. Ela está exausta." Após uma pausa, Grace exclama do corredor: "Chega, Lilly, vamos guardar os brinquedos, amor! Hora de dormir."

John retruca (a voz um pouco alta demais): "Ela não é um robô, Grace. Uns minutinhos não vão fazer mal. Ela não tem culpa por você ser controladora."

As duas fases de qualquer discussão

Ufa.

Deixemos Grace, John e Lilly de lado por um momento. Imagino que você já tenha se sentido assim, mesmo se não tiver filhos. Todo mundo já se comportou como John ou Grace em situações similares. Fomos grosseiros com alguém. Dissemos algo de que nos arrependemos quase no mesmo instante. Vencemos a batalha da conversa em um momento para perder a guerra do relacionamento, em uma espiral competitiva deprimente.

Não precisa ser assim.

Podemos aprender a lidar com nós mesmos — nossas palavras, nossas emoções, nosso corpo: tudo isso, fatores que influenciam nossas conversas — de modo a evitar a deflagração de discussões acaloradas. Mas precisamos primeiro compreender alguns fatos sobre comunicação e sobre o funcionamento do corpo.

Em toda discussão, há uma fase de ignição
e uma fase de resfriamento.

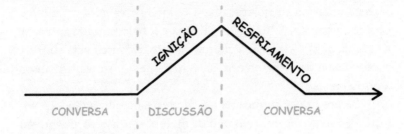

A ignição acontece no momento em que, após certo atrito, o que é produtivo passa a ser destrutivo. Algo na interação começa a degringolar. Ficamos ressentidos com determinada palavra. Não gostamos do tom de voz da pessoa. Não gostamos de seu modo de olhar. Com tempo e atrito suficiente, o calor aumenta. E, sem que ninguém se dê conta, o incêndio começa.

Há ignição quando:

- riscamos um fósforo (nos sentimos ameaçados);
- mostramos pavio curto (ficamos na defensiva);
- explodimos (partimos para ataques pessoais).

Se entramos em ignição ou a temperatura começa a subir numa conversa, há uma tendência a esquecermos quem somos. A psicologia poderia se referir a isso como um "assoberbamento emocional". É como se tivéssemos um apagão. Dizemos coisas que normalmente jamais diríamos. Temos dificuldade em organizar os pensamentos ou decidir o que queremos falar, sofrendo do que parece uma névoa mental. Deixamos as palavras escaparem sem dar grande importância para o modo como vão soar, qual será seu efeito ou até mesmo seu significado.

O resfriamento ocorre quando o calor começa a se dissipar, no momento em que:

- desligamos o termostato (nos afastamos um do outro);
- extinguimos o incêndio (obtemos uma compreensão mútua);
- não resta mais nada a queimar (surge um impasse).

Seja qual for a rota traçada, a temperatura para de subir e começa a baixar. A fumaça se dissipa e a frustração evapora. A conversa ganha clareza. Voltamos a tomar consciência sobre a importância do relacionamento e por que (ou se) valorizamos a outra pessoa.

Sabemos que entramos na fase de resfriamento quando o volume das vozes diminui e o tom da discussão fica mais ameno. As palavras passam a ser escolhidas com mais cuidado. Entre um e outro, "Me desculpe por ter dito aquilo" e "Não quis dizer isso", os dois lados podem tentar pôr panos quentes ou explicar o que quiseram dizer. Enquanto a ignição tende a soar mais fechada, o resfriamento parece mais aberto. Lágrimas podem vir em seguida. Talvez surja o arrependimento.

A única certeza é como nos sentimos mal depois de tudo.

Quanto mais acalorada a discussão, mais tempo leva para a temperatura baixar — é como aguardar que uma panela fique fria o bastante para ser tocada após desligarmos o fogão. Torna-se uma questão de quantos graus.

Infelizmente, John e Grace ainda estão longe da fase de resfriamento.

O ressentimento que Grace deixou acumular por duas semanas aflora. "É por isso que ela nunca escuta! Porque você vive quebrando as regras! Acontece que um de nós se preocupa de verdade com o bem-estar da nossa filha. Sou eu que lido com ela quando está um porre, enquanto você sai para fazer o que bem entender! Você nunca está aqui. Como pode saber?"

Se apertássemos o botão de pausa nesse exato momento e fizéssemos uma imagem diagnóstica de Grace,[1] eis o que veríamos:

- a amígdala, a parte do cérebro que processa as emoções, anuncia de maneira alarmante ao sistema nervoso que há uma ameaça por perto: Grace está sendo sabotada;
- o corpo liberou o hormônio epinefrina, ou adrenalina, desencadeando o impulso de luta ou fuga.[2] Isso se traduz em uma sensação de formigamento e seu tom de voz sai irritado;
- as pupilas estão dilatadas, permitindo que mais luz penetre em seus olhos, de modo a obterem um foco mais nítido;
- a respiração está mais acelerada e curta, o que aumenta seus níveis de oxigênio;
- os batimentos cardíacos estão elevados, bombeando sangue pelo corpo, reduzindo o fluxo em áreas não essenciais e preparando os músculos para entrarem em ação;
- o ombro, o pescoço e o maxilar estão tensos.

E, acima de tudo, as funções do córtex pré-frontal são suspensas. Essa é a área do cérebro responsável por raciocínios de ordem superior,[3] como pensamento racional, tomadas de decisão e regulação emocional. Ao ser dominada pelas emoções, Grace perde toda a cautela: a reação de luta ou fuga foi feita para nos ajudar a enfrentar ou encarar um urso no mundo selvagem, não para conduzir uma discussão sobre a criação dos filhos. Nesse momento, o modo de luta ou fuga de Grace indica fortemente que ela parta para cima.

Para piorar as coisas, o corpo de John passa pelo mesmo processo. Ele exclama: "Eu?! Ah, essa é boa, então, quer dizer que só você se preocupa com ela!" Ele também está pronto para a briga e, quando perde o controle, lança uma acusação devastadora para tentar vencer a discussão. "Você quer que ela acabe como a louca da sua mãe? Ou, pior ainda, como você — sozinha e sem nenhuma amiga de verdade?"

Visivelmente magoada, Grace sobe o tom e se prepara para mais um *round*. Ambos mantêm a guarda levantada. Continuam a disputa. Um corpo quer eliminar a ameaça que o outro representa. À medida que a discussão prossegue, nem Grace nem John percebem realmente o que estão dizendo — porque os verdadeiros Grace e John não estão se comunicando. O corpo e a mente deles só está reagindo. Inflamando-se. Fazendo e dizendo tudo que podem para afastar a ameaça.

Na maioria dos casos, a fase de ignição precisa se extinguir sozinha e, quando ambos estiverem exaustos, haverá uma pausa perceptível. Um instante longo o bastante para se darem conta dos danos causados. É então que John percebe a dor nos olhos de Grace. Ele passou dos limites.

A fase de resfriamento começou.

Se pudéssemos parar a cena nesse momento e fazer uma imagem diagnóstica de John, eis o que veríamos:

- ele está exaurido, física e emocionalmente;
- os ânimos se acalmam;
- o foco fica mais amplo;
- os batimentos cardíacos e a respiração desaceleram;
- seu córtex pré-frontal o predispõe à análise objetiva.

A reflexão dá lugar ao remorso.

Só o que John consegue pensar é: *Por que fui dizer aquilo? Como pude deixar que isso chegasse tão longe?*

Grace, à beira das lágrimas, pensa a mesma coisa. *Por que explodi daquele jeito? Por que fui dizer aquelas coisas? Qual é o meu problema?*

E, como em um passe de mágica, o motivo inicial da conversa é esquecido — e Lilly agora cai em um sono profundo no quarto.

Como o corpo controla nossas reações

Em uma conversa, quando a temperatura sobe, a parte fisiológica do corpo é a primeira a reagir. Nossa "fiação" interna, conhecida como sistema nervoso autônomo, inclui o cérebro, a medula espinhal e todas as conexões entre eles e o restante do corpo. Esse sistema nervoso nos proporciona a capacidade de perceber, captar, sentir, nos emocionar, nos comportar e pensar. Ele opera sob a superfície da nossa consciência, onde as ações involuntárias são comandadas — como os olhos se movendo de palavra em palavra pela página sem que tenhamos de instruí-los ou a cabeça pronunciando mentalmente as palavras enquanto o coração segue batendo e continuamos a respirar e a escutar os sons ao nosso redor.

Para se controlar melhor durante um conflito, é necessário saber o que está acontecendo dentro de você.

Os termos técnicos para a fase de ignição e resfriamento derivam dos dois modos do sistema nervoso autônomo. Estamos sempre reagindo às situações em um destes modos:

- **Luta ou fuga:** Esse modo é comandado por seu sistema nervoso simpático.
  - Lutar leva à agressão: damos um soco, dizemos uma palavra ofensiva, teimamos em uma opinião.
  - Fugir leva ao afastamento: damos as costas, desligamos o telefone, ignoramos uma mensagem.

- **Repouso e digestão:** Esse modo é comandado por seu sistema nervoso parassimpático.
  - Repousar leva à recuperação: recuamos, fazemos uma pausa, respiramos fundo.
  - Digerir leva a recarregar as baterias: armazenamos energia, reabastecemos, equilibramos o humor.

Ou seja, luta ou fuga é a fase de ignição; repousar e digerir, de resfriamento. Normalmente, quando se trata de atividades pessoais ou que se performa sozinho, como escrever um e-mail ou fazer uma refeição solitária, não percebemos esses processos em ação. Eles funcionam instintivamente. Mas acrescente outra pessoa à situação, em que a comunicação é necessária, e os sinais internos tornam-se bem mais perceptíveis, especialmente em momentos de conflito.

Mas o que isso significa para você?

A mera presença de opiniões conflitantes ou discussões pode ativar nosso modo de luta ou fuga, mais do que imaginamos. Para proteger você, seu corpo aciona centenas de mudanças invisíveis em segundos, resultando em uma resposta biológica direcionada a emoções, e não à lógica. E com essa supressão do pensamento coerente, as emoções se manifestam de maneiras familiares: um comentário na defensiva, uma réplica sarcástica, uma exclamação furiosa, uma batida de porta, um suspiro audível, lágrimas de frustração.

Se estamos nervosos antes de uma ligação importante, se ouvimos uma má notícia ou até mesmo se recebemos um aumento inesperado, nosso cérebro e nosso corpo empreendem microajustes para mais ou para menos. Essas flutuações em nosso estado emocional são uma resposta direta do sistema nervoso, que se adapta constantemente às ameaças imaginadas ou reais ao nosso redor. Uma frequência cardíaca acelerada, mãos trêmulas e bochechas coradas são manifestações de como nosso corpo está processando as informações para determinar a melhor maneira de fazer esses ajustes em frações de segundo.

Munidos desse conhecimento, podemos enxergar as conversas sob uma luz diferente. Em vez de culpar imediatamente a outra pessoa, perceba sua própria resposta interna como uma reação natural que exige mais investigação e curiosidade.

O atrito dá margem a melhorias, pois sempre temos algo a aprender com nossos gatilhos.

Conheça seus gatilhos

"Precisamos conversar."

Quando você escuta isso (ou lê em sua tela), qual é a primeira coisa que lhe vem à mente?

Sejamos sinceros. *Ninguém* gosta de receber uma mensagem desse tipo, seja cara a cara, por e-mail ou celular. Por quê? Porque nos leva ao desconhecido. Nosso cérebro nos informa de uma potencial ameaça, de que há algo errado, e isso aciona nosso modo de ignição. O fato de nos prepararmos para o pior é puramente biológico.

Quando passamos por uma experiência desagradável — algo que escutamos, vimos ou sentimos na pele —, o estímulo é interpretado por nosso corpo como uma ameaça: um gatilho. Por "gatilho", me refiro a algo que causa uma reação forte e negativa em nós.[4] Os gatilhos podem assumir diversas formas e são muito influenciados por nossa personalidade e nossas experiências na infância.[5] Então, não vá achar que há algo errado ou inadequado com seu gatilho por ele ser diferente do de outras pessoa.

Falando em termos gerais, os gatilhos podem ser categorizados como físicos ou psicológicos.

1. Gatilhos físicos

São os mais notáveis e que mais dificultam a comunicação, bem como os mais fáceis de reconhecer, pois envolvem uma ameaça imediata a nossa integridade física, como ver alguém recuar o braço para nos dar um soco ou perceber um animal agressivo vindo em nossa direção. Gatilhos físicos podem variar de reações ao ambiente, como o nervosismo ao caminhar pela beirada de um penhasco, a sinais corporais, como sentir-se mal, desidratado ou exausto.

Da mesma forma, quando nos comunicamos com alguém, nosso corpo instintivamente detecta potenciais ameaças ao nosso bem-estar físico,[6] o que pode acionar imediatamente reações defensivas. Avalie em que medida os exemplos a seguir fariam que se sentisse em perigo:

- seu pai ou sua mãe eleva a voz ou usa um tom áspero quando lhe diz para obedecer;
- seu chefe chega muito perto de seu espaço pessoal durante uma discussão;

- um colega raivoso aponta o dedo para você durante uma reunião na empresa;
- alguém inesperadamente segura seu braço para chamar sua atenção.

Gatilhos físicos, tanto diretos quanto imaginados, influenciam nossa sensação de segurança e bem-estar. Esses gatilhos provocam instintos protetores que deixam nosso raciocínio lógico em segundo plano.

2. Gatilhos psicológicos

São com frequência os que mais prejudicam a comunicação. Gatilhos físicos não envolvem danos diretos ou esperados à nossa integridade física. São simples pensamentos, percebidos no presente ou antecipados no futuro. Eles vêm em três modalidades: avaliação social, identidade pessoal e perda.

Gatilhos de avaliação social

Esses gatilhos envolvem o medo de sermos julgados de modo negativo, rejeitados ou humilhados. Esses gatilhos perceptivos são os questionamentos que fazemos diariamente quando confrontados com interações sociais:

Se eu disser isso...
Vão me achar inteligente?
Ficarão ofendidos?
Continuarão a apreciar minha companhia?

Se eu fizer isso...
Serei visto como arrogante?
Serei criticado?
Prestarão mais atenção em mim?

Se eu tiver essa aparência...
    Serei aceito?
    Vão caçoar de mim?
    Serei considerado bem-sucedido?

Podemos sintetizar os gatilhos de avaliação social na ideia de que nos importamos profundamente com o que os outros pensam a respeito de nós.[7] Todo mundo tem uma necessidade arraigada de ser apreciado e desejado. Você já sentiu esse gatilho quando teve de recusar um convite ou dar uma má notícia, ou se já viveu um FOMO, da sigla em inglês *fear of missing out*, ou o "medo de ficar de fora". Tudo isso é uma avaliação de sua contribuição social: um julgamento de como os outros avaliam a sua reputação.

A vulnerabilidade é tema recorrente nos casos de avaliação social.

Ameaças à identidade pessoal

Enquanto a avaliação social diz respeito ao modo como os outros nos percebem, a identidade pessoal tem a ver com o modo como percebemos a nós mesmos.[8] Consideramos essas ameaças como desafios a nossa competência, nossa autonomia, nosso propósito ou nossos valores.[9] Elas nos levam a um autoquestionamento sobre quem acreditamos ser e quais são nossas convicções:

1. **Gatilhos de competência:** Se eu fracassar, significa que não sou capaz? Se estão me corrigindo, quer dizer que não acham que estou à altura do cargo? Exemplo: um profissional em idade avançada reingressa no mercado de trabalho e se depara com os comentários céticos de um gerente, que insinua que ele não será capaz de acompanhar o ritmo e levando-o a duvidar de si mesmo.

2. **Gatilhos de autonomia:** Estou sendo exposto a um microgerenciamento porque não confiam em mim? Tenho alguma influência nas decisões que me afetam? Exemplo: uma experiente enfermeira ou professora de repente passa

a ser microgerenciada por meio de uma enxurrada de instruções vindas da nova administração, e isso acaba com sua sensação de autonomia.

3. **Gatilhos de propósito:** Meu trabalho ainda faz alguma diferença? Alguém se importa com ele? Estou operando no automático, sem nenhuma direção ou meta real? Exemplo: um executivo de Wall Street que costumava ser apaixonado por seu trabalho hoje questiona seu significado e se sente constrangido com as conversas crassas entre homens no escritório, agora que seu filho nasceu — sua identidade profissional está em conflito com seu novo papel de pai.

4. **Gatilhos de valor:** Minhas crenças estão sendo desafiadas ou desrespeitadas? Estou sendo forçado a comprometer minha identidade pessoal? Exemplo: um recém-contratado sente que seus valores estão sendo atacados quando escuta o gerente fazer um comentário obsceno a respeito de uma estagiária, gerando dissonância entre suas convicções pessoais e seu ambiente profissional.

Cada um desses cenários põe em evidência o fato de que ameaças a nossa identidade pessoal nos forçam a questionar quem queremos ser.

Também podemos achar que nossa identidade é desafiada por extensão ou associação. Digamos que em uma eleição alguém critique sua preferência por determinado candidato. Você se sente desafiado, mesmo que a crítica não seja direcionada a você, porque vinculou sua identidade a esse candidato ou seu partido. Da mesma forma, alguém pode falar mal da própria mãe se quiser, mas se outra pessoa falar mal dela, o filho ficará indignado, e com todo o direito. Por quê? Porque sua mãe ajudou a definir sua identidade.

Até mesmo escutar a palavra *não* pode ser percebido como uma ameaça à identidade pessoal. Ao ouvir um não ou alguém duvidando de você ou dizendo que você é incapaz de fazer determinada coisa, qual é a sua reação? Sua vontade de fazer essa coisa fica ainda maior. Você se sente da mesma forma quando alguém lhe pergunta bruscamente o motivo. Seu cérebro quer responder de imediato: "Porque sim!". Ter nossas escolhas ou ações questionadas pode ser ameaçador porque põe em dúvida nosso senso de autonomia.

A adequação é tema recorrente nos casos de ameaças à identidade pessoal.

Gatilhos da perda

Tememos perder alguém[10] ou algo que é valioso para nós, seja uma pessoa, um emprego ou nosso status. Na comunicação, isso com frequência se traduz no medo de que um relacionamento seja rompido ou o status perdido.

Digamos que você esteja apresentando uma proposta no trabalho e seu chefe levanta dúvidas. O que você faz? Rebate o que ele diz e se defende afirmando ser o mais bem informado? Ou dá o braço a torcer e se dispõe a escutar mais críticas? O medo imediato acionado aqui é a rejeição de sua proposta, mas o medo subjacente é a possível perda do emprego.

A ameaça psicológica da perda pode deixá-lo na defensiva ou supercauteloso ao se comunicar. Talvez o faça exagerar nas explicações, hesitar em expressar suas opiniões ou evitar a todo custo conversas difíceis. Muitas vezes, você pode se sentir assim porque a dor antecipada da perda é mais forte do que o desconforto temporário de um confronto imediato.

A separação é tema recorrente nos casos de perda.

Ao aprender sobre esses gatilhos, é provável que tenha percebido como eles podem se manifestar em sua vida. Se ainda assim está com dificuldade para saber quais são seus gatilhos específicos, simplesmente pergunte a algum amigo: "Na sua opinião, quais são meus gatilhos?". Se ele for um bom amigo — e você for capaz de rir de si mesmo —, provavelmente não terá nenhum problema em lhe dizer a verdade.

Certo, agora que sabe reconhecer seus gatilhos, que tal usar esse conhecimento para aperfeiçoar sua comunicação?

Aprender a compreender os altos e baixos de nosso corpo diante de um conflito nos proporciona uma imensa vantagem. Não só compreendemos melhor nossas próprias reações e nossos gatilhos, como também passamos a identificar os sinais nas outras pessoas. Isso poderia ser chamado de inteligência emocional. Prefiro chamar de discernimento, uma habilidade que é quase como um sexto sentido para captar os mínimos detalhes. Uma alteração no tom de voz. Um suspiro de exasperação. Uma tensão nos ombros. Não devemos nos ofender com esses comportamentos. Eles constituem *informações a coletar*. Dados sobre o estado emocional do interlocutor. Em vez de se aborrecer quando alguém fala mais alto, você sabe por experiência própria que isso é um sinal da ignição — ele informa que o corpo da pessoa está se sentindo ameaçado, seja por você, seja por algo que você não vê. Em vez de reagir para "vencer" a discussão, que como acaba de perceber só servirá para causar uma nova ignição, você responde de um modo que acione o resfriamento. Isso o ajuda a avaliar melhor a temperatura da conversa. A chave para compreender os outros é compreendermos a nós mesmos.

Quando examinamos nossos próprios gatilhos, ficamos mais habilidosos em identificar os gatilhos alheios. Passamos a escutar alguém aumentando o tom de voz não como um ataque, mas como um apelo pela eliminação da ameaça. Se você pretende apagar o incêndio, descubra o gatilho do outro.

RESUMO DO CAPÍTULO

- Nossos gatilhos são um aprendizado — se estivermos dispostos a aprender.

- Em toda discussão há uma fase de ignição e uma fase de resfriamento.

- A fase da ignição dispara os sinais de luta ou fuga, como dizer algo para magoar alguém ou afastar-se abruptamente.

- A fase de resfriamento começa quando a temperatura do conflito diminui, ao chegar a um entendimento ou criar um espaço entre você e a outra pessoa.

- Existem dois gatilhos principais: o físico e o psicológico. Tais gatilhos ocorrem devido a ameaças físicas verdadeiras ou imaginadas que acionam a ignição. Compreender quais são seus gatilhos exclusivos o ajudará a identificar que áreas devem ser trabalhadas ou evitadas.

- A análise dos seus gatilhos o capacita a identificar os gatilhos de outra pessoa. Caso ela levante a voz durante uma discussão, você não interpretará isso como um ataque pessoal, e sim como um apelo pela eliminação de alguma ameaça percebida. Se você quer apagar o incêndio, encontre o gatilho.

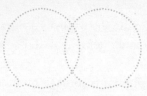

CAPÍTULO 5

Controle o momento

Aqui, no leste do Texas, há pinheiros muito altos. A mata é tão densa que não dá para enxergar mais do que alguns metros à frente. Quando eu era criança, meus amigos e eu percorríamos trilhas, construíamos abrigos e brincávamos nos riachos, fazendo de conta que vivíamos algum tipo de aventura de sobrevivência. Tenho ótimas lembranças dessa floresta.

Uma das coisas de que mais gosto em viver próximo a árvores altas é quando chove. Não dá para ver uma tempestade se aproximando, como em lugares planos e abertos. Se você confia apenas na visão, só perceberá sua chegada quando ela estiver sobre sua cabeça.

Pressentimos que vai chover.

Tudo se move em câmera lenta. A floresta e os animais ficam em silêncio. A temperatura cai e o farfalhar das folhas chega cada vez mais perto conforme o vento começa a soprar por entre as árvores. Dá para sentir o frescor na pele. A eletricidade no ar. O cheiro da chuva.

Nesse momento de calmaria antes da tempestade, a terra parece estar suspensa em um segundo de imobilidade. A expectativa crescente é quase palpável, como se a natureza estivesse apenas esperando o momento certo para desencadear sua fúria.

Em toda discussão é palpável esse mesmo silêncio carregado. Quando o conflito está para começar, há uma mudança perceptível no clima emocional. Talvez uma pausa longa demais ou uma sutil mudança no tom de voz. Uma escolha de palavras parece sem cabimento.

Sabemos que o conflito é iminente porque o pressentimos.

É como se pudéssemos perceber que algo em nós mesmos, ou na outra pessoa, está prestes a ceder. Como o instante em uma montanha-russa em que nos preparamos para a primeira descida vertiginosa.

É nesse ponto que perdemos um dos momentos de controle mais cruciais em uma discussão, e já explico o motivo. Você está tentando descobrir como dominar a outra pessoa, em vez de buscar seu autocontrole. Está ocupado demais planejando por onde começar, preparando-se para censurá-la ou repreendê-la. Perdemos a capacidade de conduzir uma discussão porque encaramos a tempestade iminente como um mero chamado para a batalha, quando na verdade é um momento privilegiado em toda discussão.

Deixamos escapar esse momento sutil porque não estamos atentos. Ele nos proporciona uma vantagem invisível antes mesmo de o bate-boca começar. A oportunidade de exercer algum controle nunca é maior do que na hora da calmaria que precede a tempestade. Assim, não desperdice essa chance com preparativos para enfrentar o outro — utilize-a para *se* preparar.

No capítulo anterior, expliquei como nosso corpo reage em discussões acaloradas. O passo seguinte é nos equiparmos com as ferramentas apropriadas para *tirar proveito* do que o corpo já faz. Cada uma delas leva apenas um instante para ser usada, mas oferece benefícios duradouros. E quanto mais nos valemos dessas táticas, mais a situação se torna vantajosa para nós.

Para manter o controle até nas conversas mais acaloradas, eis três ferramentas eficazes que desenvolvi:

- Sua primeira palavra é a sua respiração.
- Seu primeiro pensamento é um breve diagnóstico da situação.
- Sua primeira conversa é uma conversa boba.

Como a chuva, é quase impossível evitar a chegada iminente da discussão. Utilizando essas três táticas breves mas efetivas, fazemos mais do que simplesmente desbravá-la. Passamos a impedir que a discussão se inflame e a controlar inteiramente seus resultados.

Sua primeira palavra é a sua respiração

Há algum tempo, treinei uma cliente chamada Elizabeth para prestar depoimento em seu processo por lesão corporal. O advogado adversário era notório por tentar mexer com os nervos da parte queixosa, inclusive os meus. Dadas minhas desavenças com ele no passado, eu sabia qual seria sua estratégia: atacar a credibilidade de Elizabeth. Se conseguisse fazê-la tropeçar nas palavras ou dizer algo errado, ou levá-la à explosão de emoções negativas, seria mais fácil para ele controlá-la — e como resultado obter maior influência sobre o desfecho do caso.

Sabendo disso, passei horas com Elizabeth preparando-a para seu depoimento. A fim de orientá-la melhor, cheguei até a imitar o tom de voz do outro advogado. Bombardeei-a com perguntas sucessivas, tentando pressioná-la a responder cada vez mais rápido.

Com uma voz áspera e urgente, perguntei:

— Então a senhora teve tempo de ver o outro carro, certo?

Elizabeth me fitou impassivelmente.

Fingindo frustração, continuei:

— Vamos, senhora Carson. — Então ergui a voz. — É uma pergunta simples. Sim ou não. Viu ou não viu?

Ela ficou paralisada quando a pressionei — outro sintoma da fase de ignição —, como um veado que ao atravessar a estrada fica paralisado com os faróis de um carro vindo em sua direção. Estava nervosa; sua voz tremia e seus olhos ficaram marejados, reações físicas perfeitamente naturais. Após lhe explicar por que e como seu corpo estava reagindo a esse comportamento agressivo, apresentei a ela um conceito que se transformaria em sua ferramenta mais utilizada.

Sua primeira palavra é a sua respiração.

Expliquei da seguinte maneira: sempre que for iniciar uma frase, deixe que sua *respiração* seja a primeira *palavra* que você diz. Ou seja, quando for falar, substitua a palavra pela respiração.

Obrigar-se a imaginar sua respiração como uma palavra, como parte da própria conversa, ajuda a colocarmos em prática os protocolos da respiração controlada. Esses protocolos desempenham um papel essencial na regulação do corpo e das emoções. Quando colocada em primeiro lugar, a respiração nos fornece o controle desde o início. Os primeiros dois segundos são os mais cruciais, pois assim evitamos que a fase de ignição ganhe força.

Termos como *exercícios respiratórios*, *controle respiratório* e *respiração controlada* são maneiras elaboradas de dizer que estamos criando intenção no ato de respirar. Por exemplo, você deve estar respirando normalmente agora, sem prestar atenção no ar entrando e saindo de seus pulmões. Mas se eu pedir que inspire, prenda a respiração por cinco segundos e depois solte, parabéns! Você acaba de praticar o controle respiratório, que é o ato de prestar atenção no ar circulando por seu corpo.

Agora respire fundo comigo e pense em sua última conversa estressante. Lembra-se de como estava sua respiração? Em uma discussão, nossa respiração[11] normalmente faz uma das duas coisas: acelera ou trava. Ambas são ruins.

Quando sua respiração acelera, é sinal de que você acionou a fase de ignição. Você precisa respirar mais para atender a maior necessidade de oxigênio em seus músculos, como um modo de se preparar para correr ou atacar. Quanto mais rápido você respira, mais rápido seu coração precisa bombear o sangue para mantê-lo oxigenado e vivo, elevando sua frequência cardíaca. Com a respiração acelerada, suas capacidades mecânicas para pensar e falar ficam prejudicadas.

Quando sua respiração trava, a sensação é de estarmos sufocando ou nos afogando. Em certo sentido, é isso mesmo que ocorre. Enquanto a respiração acelerada ocasiona um excesso de oxigênio no corpo, a respiração muito curta ocasiona um excesso de dióxido de carbono, por deixarmos de soltar o ar. Ou seja, tanto prender a respiração como respirar superficialmente são igualmente prejudiciais. À medida que a tensão aumenta, nossas faculdades cognitivas declinam.

Para evitar tais problemas, sua respiração necessita de equilíbrio.

Ok, de volta a Elizabeth.

No dia do depoimento, ela começou muito bem. Suas palavras saíam vagarosamente e com firmeza. Mas, após certo tempo, pude perceber que ela perdeu a confiança. Sua voz começou a tremer; ela passou a responder mais rápido e ficou visivelmente irritada. Cada vez mais na defensiva. Estava perdendo o controle.

Mas então a mágica aconteceu.

No momento em que eu me preparava para intervir e solicitar uma pausa de cinco minutos, ela conseguiu.

Inclinando a cabeça para a frente, o advogado a pressionou.

— Estou correto em afirmar que a senhora não estava prestando atenção em nada nesse dia, *certo?*

Elizabeth respirou fundo, relaxou os ombros e levou uma fração de segundo para se acalmar e responder:

— Errado.

Percebi então o que o outro advogado não notou: a primeira palavra dela viera *antes* de "errado". Foi sua respiração. E ao aproveitar o intervalo entre a pergunta do advogado e sua resposta para se acalmar, ela acabara de retomar o controle da conversa.

— Qual é o problema? Não gostou da minha pergunta? — redarguiu ele.

Elizabeth, pura confiança e compostura, sorriu e balançou a cabeça.

— Ah, não, a pergunta está perfeita — disse, vagarosamente.

O advogado inclinou a cabeça, confuso.

— Agradeço por me ajudar a esclarecer a questão — continuou ela. — Volto a dizer, a resposta é não. O senhor não está correto em afirmar isso.

Pasmo e consternado, o outro advogado gaguejou tentando encontrar as palavras para sua pergunta seguinte. Percebendo que Elizabeth não reagiria da forma como esperava, perguntou algumas trivialidades e encerrou rapidamente.

Eu sorria para ela.

Como ela não podia controlar as questões do advogado, decidiu se controlar.

Como realizar uma respiração conversacional

Quando a primeira palavra dita é a respiração, chamo isso de *respiração conversacional*.

Uso a palavra *conversacional* porque é possível fazê-la no decorrer natural de uma conversa. Quando executada do modo correto, não há como diferenciá-la da respiração normal. Podemos usar essa técnica a qualquer momento sem causar estranheza no interlocutor. Mas o melhor momento para usar a respiração conversacional é quando a outra pessoa está falando ou pouco antes de respondermos.

Eis como fazer uma respiração conversacional:

1. inspire lentamente pelo nariz por dois segundos;
2. ao se aproximar do limite dessa inspiração, dê outra rápida inalada por mais um segundo, completando três segundos;
3. solte o ar pelo nariz por seis segundos, para que sua exalação leve o dobro do tempo da inalação;
4. repita o exercício pelo menos duas vezes ou conforme o necessário ao longo da conversa.

Uma respiração conversacional tira proveito de diversos benefícios diferentes, todos eles respaldados pela pesquisa científica e pelos métodos de quem aprendeu a dominar a respiração em situações de extremo estresse. Além disso, a respiração conversacional incorpora os três fatores comprovados a seguir. O resultado é uma respiração lenta e controlada que pode se tornar um padrão para nos mantermos calmos e focados.

Quando sua primeira palavra for a sua respiração, respire assim:

1. Para desacelerar a respiração, inspire pelo nariz

Quando respiramos pela boca, o ar não encontra resistência. Consequentemente, aumentamos a taxa de inalação e exalação por minuto. Assim respiramos mais rápido. E fazer isso, como você sabe, é um sinal da fase de ignição. Se não for corrigida, a respiração bucal pode levar a um estado crônico de estresse e ansiedade moderados.

Na respiração nasal, por outro lado, o ar encontra mais resistência. Faça um teste. Respire fundo e solte o ar pela boca normalmente. Agora inspire outra vez e solte o ar com os lábios quase se tocando, como se você fosse assobiar. Pronto, já tentou? Da segunda vez, o ar saiu bem mais devagar porque a abertura era menor. As cavidades nasais são, sem dúvida, muito mais estreitas do que a boca, assim o nariz naturalmente nos estimula a respirar lenta e profundamente. A própria estrutura da cavidade nasal[12] foi feita para filtrar, aquecer e umidificar o ar que respiramos.

Além disso, na respiração nasal, o ar é puxado com mais força para os pulmões ao requisitar o funcionamento do nosso diafragma. Isso mantém uma respiração mais plena. E quando respiramos plenamente, respiramos menos vezes por minuto, prevenindo os sinais da ignição.

Agora que enchemos os pulmões, vamos soltar o ar, mas com propósito.

2. Para manter a calma, solte o ar lentamente

Um estudo da faculdade de medicina de Stanford realizado em 2023 confirmou benefícios poderosos associados a uma técnica de respiração chamada suspiro fisiológico,[13] conhecida como uma das formas mais rápidas de se livrar do estresse. A técnica envolve incorporar um *suspiro* controlado e intencional a sua respiração normal. Para isso, comece executando uma inalação dupla, que consiste em inspirar normalmente pelo nariz uma vez, seguir com uma segunda inspiração brusca e terminar soltando o ar lentamente pela boca.

A expiração deve durar aproximadamente o dobro da inspiração. Uma inalação dupla enche completamente os pulmões e a longa exalação imita o efeito do som de "ah" que às vezes acompanha um longo suspiro. Esse método de exalação prolongada ajuda a baixar a pressão arterial e reduz os níveis de estresse no corpo. O método da exalação prolongada também faz a sua próxima respiração ser composta apenas de oxigênio, e o dióxido de carbono ficar adequadamente regulado. Quando comparada a outras técnicas respiratórias, o suspiro fisiológico apresentou a maior diminuição da ansiedade, melhora do humor e taxas respiratórias mais baixas. Para aproveitarmos esses benefícios, precisamos assegurar que a exalação seja mais longa, de preferência duas vezes maior do que nossa inalação.

Agora que você respirou fundo, deve estar se sentindo mais calmo e controlado. Mas há mais uma etapa essencial para que sua palavra seguinte após a respiração seja controlada.

3. Para limpar a mente, respire de forma regular

Se você não acha que a respiração influencia no controle de um conflito *verbal*, dê uma olhada no que ela significa para quem dominou as situações de conflito *físico* mais extremas. As forças de operações especiais da marinha norte-mericana (Navy SEALs) consideram a respiração rítmica tão crucial para a missão que os fuzileiros recebem um treinamento especial chamado "respiração tática".[14] Em situações de combate, o influxo de adrenalina eleva os batimentos cardíacos da pessoa. Isso causa alterações fisiológicas que logo deterioram as habilidades motoras, algo que pode significar a diferença entre a vida e a morte.

Para controlar essa reação, os fuzileiros muitas vezes se valem da respiração rítmica, um método baseado em um padrão consistente de contagem precisa entre as inspirações e as expirações. A respiração de caixa,[15] por exemplo, em que a pessoa inspira, prende o ar, expira e segura, contando quatro segundos em cada etapa, é um padrão de respiração rítmica. Ele gera intencionalidade e regularidade na respiração.

O benefício da respiração rítmica[16] é desacelerar a frequência cardíaca, o que por sua vez aumenta o foco. A respiração rítmica é um dos motivos pelos quais os soldados entoam gritos de guerra cadenciados durante uma corrida, acompanhados de *um, dois, três, quatro.* A contagem sincroniza suas passadas e, mais importante, sua respiração. O padrão repetido ajuda a expelir o dióxido de carbono de seus pulmões, enquanto o ritmo regular impede a hiperventilação ou a respiração irregular.

Militares, policiais, socorristas, boxeadores, pilotos de caça e lutadores de artes marciais normalmente enfrentam situações de alto estresse em que a respiração é essencial tanto para um desempenho efetivo como para a própria sobrevivência. Se controlar a respiração é importante para eles, conosco não é diferente.

Ao realizar uma respiração conversacional, aproveitamos os efeitos positivos da respiração intencional. Essa respiração prepara o terreno para o próximo passo, o que proporcionará maior controle de seu corpo e suas reações.

Seu primeiro pensamento é um diagnóstico rápido

O ambiente era escuro e melancólico. O cheiro me lembrou o difusor de óleos essenciais de minha mãe. Depois que meus colegas da faculdade de direito e eu nos ajeitamos, o professor de ioga nos instruiu a começar uma breve meditação. Arregalei os olhos. Pensei: *Como assim? Meditar? Sério? Murmurar e essa coisa toda?* Eu nunca havia feito ioga antes, nem meditado. Não é o tipo de coisa que se vê muito em uma cidade pequena do Texas.

Acomodados em nossos tapetinhos, começamos fechando os olhos e nos concentrando em respirar fundo. Não parecia complicado. Eu conseguia fazer isso. Após inspirar e expirar por alguns minutos, fizemos o que o instrutor chamou de uma "imagem diagnóstica". Ainda de olhos fechados, ele nos disse para realizar uma varredura mental do nosso corpo, começando pelos pés e subindo lentamente até chegar ao topo da cabeça.

Tentei proceder como instruído, mas só serviu para eu me sentir um tolo. Será que estava fazendo direito?

Entreabri um olho para dar uma olhada na sala. Ao que parecia, eu era o único com dificuldade. Então escutei o instrutor explicar que precisávamos ficar imóveis a ponto de escutarmos nosso corpo. Para ser sincero, nem entendi muito bem o que ele queria dizer com isso. Voltei a fechar os olhos. Tentando recuperar a concentração, respirei fundo outra vez e comecei a aquietar minha mente, esperando para ver se algo acontecia.

Aguardei.

E lentamente, para minha grande surpresa, conforme escaneava meu corpo de baixo para cima notei sensações físicas que não percebera antes. Tensão no meu rosto e atrás das orelhas. Ombros contraídos. Maxilar travado. Respiração curta e irregular. Como não identificara nada disso antes?

Meu corpo estava acumulando esse estresse e eu nem sequer me dera conta.

Rapidamente realizei alguns ajustes, relaxando os músculos do rosto e dos ombros. Expandi minha respiração para usar a plena capacidade dos meus pulmões. Escutei o instrutor nos dizer para rotular a primeira emoção que nos viesse à mente. A palavra *pressão* foi a que surgiu primeiro.

Senti um alívio instantâneo. Mas foi mais que isso. Senti-me no controle. Apesar da proximidade do período de provas, na mesma hora fiquei mais à vontade e menos ansioso.

Quando a aula chegou ao fim e demonstrei minha terrível falta de flexibilidade, a ideia da imagem diagnóstica permaneceu comigo. Quanto mais fazia ioga, melhor eu ficava em escanear meu corpo. Fiquei fascinado pelas maneiras como meu estresse se escondia. Isso virou algo como um jogo, em que sempre me sentia melhor após ter realizado o escaneamento.

Então fiquei mais rápido. Era capaz de fechar brevemente os olhos no auge de uma inalação, realizar uma varredura completa e então abrir os olhos na exalação. Como meu corpo estava ficando mais ágil em me mostrar onde se ocultavam os pontos de estresse, fiquei mais rápido em localizá-los e lidar com eles. Rotular minhas emoções também passou a ser mais fácil. O que antes era um exercício de cinco minutos no estúdio de ioga virou um breve *reset* de dois segundos.

Comecei a pensar que estava fazendo um "diagnóstico rápido" e passei a experimentá-lo em diferentes contextos, como durante as aulas e nas provas: *preocupado*. Parado no semáforo: *impaciente*. Estudando na mesa da cozinha em nosso apartamento: *sobrecarregado*. Sempre que um momento de tensão vinha à tona, era dissolvido por um diagnóstico rápido.

Não tardei a descobrir que se conseguia realizar um diagnóstico rápido antes ou durante uma conversa difícil, não só a conversa transcorria melhor, como também meu interlocutor nem percebia. Constatei que eu adquirira um maior controle das minhas reações. A capacidade de me aprimorar e entrar em sintonia com as sensações e mensagens de meu corpo foi um divisor de águas na forma como me comunico. Sempre que meu corpo pressentia um gatilho em uma discussão ou um conflito, eu me treinei para relaxá-lo com um diagnóstico rápido para que não perdesse a compostura.

Era como ficar submerso com um suprimento incessante de oxigênio — eu nunca sentia a necessidade de subir à tona para respirar. Além do mais, esses diagnósticos rápidos me capacitaram a realinhar melhor minha mente aos objetivos e valores que eu necessitava para determinada conversa.

Como proceder a um diagnóstico rápido

Eis mais um processo em quatro etapas. Quanto mais o praticamos, porém, mais facilmente esquecemos a existência dessas etapas — e ele passa a ser como uma segunda natureza.

1. **Respire:** Comece por uma respiração conversacional. À medida que inala, concentre-se em deixar que o ar expanda sua barriga, como se houvesse um cordão umbilical sendo puxado por fora.

2. **Feche os olhos:** No auge da inalação, quando seus pulmões estiverem cheios, feche os olhos por um ou dois segundos, como se piscasse vagarosamente.
3. **Examine:** Conforme solta o ar, vasculhe seu corpo à procura dos lugares onde seu estresse pode estar se escondendo. Em que pontos você sente desconforto ou rigidez? Canalize sua prolongada expiração para essa parte do corpo e libere a tensão. Seus olhos devem estar abertos.
4. **Rotule a emoção:** Enuncie mentalmente o que você está sentindo naquele exato momento. Dê um nome à emoção. Se possível, use uma palavra só. Não existem respostas certas ou erradas, isso deve ser instintivo.

Um diagnóstico rápido tem duas finalidades:

- por ser combinado a uma respiração conversacional, melhora nossa capacidade de pensar com clareza no momento;
- também nos ajuda a manter o controle emocional.

Uma vez familiarizados com o diagnóstico rápido, executá-lo passa a ser como tomar goles de água durante a musculação para permanecer hidratado. Ficamos focados e com a energia renovada. É uma microprática de mindfulness que contribui para sermos mais centrados e autoconscientes. A conquista de uma maior consciência corporal também promove a regulação emocional, pois nos capacita a observar nossos sentimentos sem sermos dominados por eles.

Conforme você se sente mais confortável, pode começar a incorporar o diagnóstico rápido a conversas reais. A expressão "dá para perceber" é a chave para traduzir em comunicação verbal a emoção que você rotulou na etapa 4. Podemos reformular um rótulo interno, digamos, "irritado", como sendo "dá para perceber que estou sentindo raiva". Em vez de guardar as emoções para si e deixar que o estresse se acumule (levando à ignição), afirmar "dá para perceber" obriga você a pôr esses sentimentos para fora. Por exemplo, você poderia dizer em voz alta: "Dá para perceber que estou ficando irritado", ou afirmar como nos exemplos a seguir:

- **Descontente:** "Dá para perceber que não estou no melhor dos humores. Será que podemos conversar sobre isso depois?"
- **Ameaçado:** "Dá para perceber que estou me sentindo pressionado agora. Preciso de tempo para me sentir mais seguro."
- **Frustrado:** "Dá para perceber que minha frustração está aumentando. Preciso fazer uma pausa."
- **Ansioso:** "Dá para perceber que não estou emocionalmente preparado para ter essa conversa agora."
- **Inquieto:** "Agradeço por essa conversa. Dá para perceber que ainda tenho mais coisas para processar."
- **Sobrecarregado:** "Dá para perceber como estou sobrecarregado no momento. Será que podemos fazer isso pouco a pouco?"
- **Confuso:** "Dá para perceber que ainda estou confuso com o que você está dizendo. Poderia me explicar de outra forma?"
- **Apreensivo:** "Dá para perceber que estou um pouquinho nervoso com essa decisão. Preciso repassar os detalhes dela."
- **Triste:** "Dá para perceber que agora estou um pouco abatido. Preciso tirar um tempo para mim."
- **Cansado:** "Dá para perceber que não estou em um bom dia. Preciso fazer uma pausa antes de retomar o assunto."

Ao admitir verbalmente o que descobrimos em nosso diagnóstico rápido, eliminamos a aura de mistério do que está acontecendo conosco e enxergamos mais nitidamente para onde nossa bússola aponta — novamente, ampliando nossa conscientização. Também introduzimos transparência e honestidade nos diálogos sendo abertos e diretos, bem como explicitando nossas necessidades.

O diagnóstico rápido é a melhor maneira de retomarmos o controle e explorarmos nossas camadas emocionais. E ao recorrermos à verbalização da varredura, transformamos a insegurança em confiança e força.

Pois quando reivindicamos, controlamos.

No intervalo de alguns segundos, foi possível realizar uma respiração conversacional e um rápido diagnóstico. Só precisamos de mais um instante para o último passo, que nos dará coragem para dizer exatamente o que precisamos dizer.

Sua primeira conversa é uma conversa boba

Em meu primeiro julgamento como jovem advogado, eu me sentia terrivelmente intimidado pelo meu adversário. Ele era bastante educado e respeitoso, mas tinha mais de trinta anos de experiência. Sabia da sua própria qualidade. E embora eu confiasse em minhas habilidades legais, no primeiro dia das argumentações achei difícil manter a mente focada. Fiquei nervoso e atropelei as palavras. Quando chegou minha vez de inquirir a testemunha, estava mais preocupado com o que precisava dizer em seguida do que em aproveitar o ensejo para escutar as informações úteis fornecidas por ela.

Recriminei meu comportamento — eu sabia exatamente o que estava fazendo na hora, mas, sem uma pausa para organizar os pensamentos ou permitir que minha consciência me orientasse, fui incapaz de controlar a situação.

No carro, a caminho de casa, conversei em voz alta comigo mesmo, refletindo sobre os altos e baixos do dia. À medida que falava, comecei a me prender a frases curtas que não me saíam da cabeça. Eu as repetia continuamente.

"Seja você mesmo, Jefferson."
"Espere o momento certo."
"Deixe que os fatos falem por si."

Essa foi a primeira vez que tive o que passei a chamar de minhas "conversas bobas" comigo mesmo. Elas me ajudaram a lembrar de ser genuíno, aguardar por algum ponto fraco no depoimento da testemunha e deixar que os fatos falassem por si, em vez de tentar forçar uma conclusão. Na manhã seguinte, escrevi essas frases no topo do meu bloco de anotações amarelo. Quando empreendia essas conversas bobas, minha conduta e atitude na sala do tribunal mudavam da água para o vinho. Eu me sentia menos inseguro, mais confiante. Não tinha pressa. Não me sentia fora de sintonia.

Até hoje nunca vou a um julgamento sem anotar uma conversa boba no meu bloco amarelo.

Nossa mentalidade começa por nossas palavras. Quando falamos, elas não afetam apenas terceiros. Também nos afetam. Segundo os estudos mais recentes em neurociência e psicologia, nosso linguajar — ou seja, as palavras que usamos para dar forma a nossos pensamentos — influencia significativamente nossas emoções[17] e atitude mental, bem como, no fim das contas, nossa realidade.

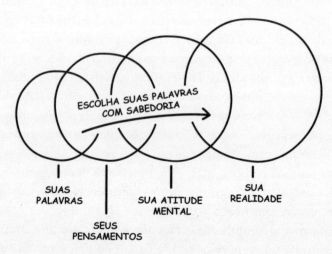

Para desenvolver uma mentalidade de confiança em meus clientes, eu os encorajo a recorrer às conversas bobas, que consistem basicamente em jogar conversa fora consigo mesmo. Dizer uma frase empoderadora. Um conjunto de palavras que nos ajude a recuperar o equilíbrio em momentos de instabilidade. É como uma afirmação de positividade. Mas, enquanto uma afirmação positiva normalmente inclui uma declaração abstrata de identidade ou empoderamento, como "Sou amado" ou "Sou suficiente", uma conversa boba é mais concreta e ligada ao contexto, como "Comece pela respiração".

A conversa boba é uma poderosa ferramenta mnemônica. Ela nos conecta à mentalidade almejada, seja quando queremos nos tornar mais autoconfiantes, evitar ficar na defensiva ou não nos prender a detalhes menores. Pense em sua conversa boba como uma preleção para si mesmo, em que você define a estratégia antes de entrar em campo.

Como conduzir uma conversa boba

Conduzir uma conversa boba é mais fácil do parece. Mas há algumas orientações a serem seguidas.

Vincule sua conversa boba a seus objetivos

No Capítulo 2, vimos a importância de compreender nossos objetivos e valores conversacionais antes de nos envolvermos em situações difíceis. Quando vinculamos nosso objetivo à nossa conversa boba, estamos sendo precavidos para obter o resultado desejado da interação.

É como dobrar a aposta para alcançar o rumo esperado da conversa. Se o seu objetivo é se mostrar confiante, imagine uma conversa boba que o lembre de afirmar suas ideias e opiniões com firmeza: "Expresse-as". Caso seu objetivo seja conversar sem discutir, crie uma conversa boba que reforce o resultado desejado: "Procure compreender". Essa frase estimula sua escuta ativa e empatia, nos mantendo concentrados em entender a perspectiva da outra pessoa, em vez de se deixar arrastar para um conflito.

Essas conversas bobas orientadas para o objetivo são como lembretes pessoais do que esperamos alcançar por meio do diálogo, mantendo-nos alinhados a nossas metas mais abrangentes. Elas nos ajudam a manter a concentração e o rumo, sobretudo nos momentos em que perdemos facilmente o foco devido às emoções ou aos pontos de vista divergentes.

Comece por um verbo

Em vez de pensamentos mais gerais ligados à identidade, como "Sou forte" ou "Sou mais do que minhas emoções", inicie sua conversa boba com um verbo. O verbo infunde ação à frase, gerando uma mentalidade ativa como "Levante-se" ou "Sinta as emoções sem se prender a elas".

Quando usamos verbos, a conversa boba se torna mais incisiva e prática. O verbo nos estimula a agir e a adotar certas atitudes, transformando o que seria uma contemplação passiva em um engajamento ativo. Por exemplo, uma afirmação como "Minha verdade tem valor" é passiva. "Falar minha verdade" o incentiva a empreender uma ação imediata, a verbalizar seus pensamentos e suas crenças. Do mesmo modo, uma frase como "Abrace a dificuldade" o impulsiona adiante, promovendo uma atitude de resiliência e prontidão para que você enfrente os obstáculos. Se eu tivesse usado uma conversa boba com Bobby LaPray, seria algo como: "Encontre a dificuldade".

Essas frases iniciadas pelo verbo atuam como uma deixa para determinados comportamentos, nos encorajando não a pensar de um modo diferente, mas a *agir* de outra maneira. Criam uma sensação de imediatismo e urgência, fazendo da conversa boba uma ferramenta eficaz para a mudança comportamental e o empoderamento.

Seja breve e pessoal

Lembre-se de que sua conversa boba não precisa ser jogada aos quatro ventos. Ela não precisa ressoar em ninguém além de você mesmo, tampouco ser compartilhada. Muitas vezes, a melhor conversa boba é a que nos conecta a uma experiência ou memória pessoal que desejamos evocar ou incorporar ao momento.

Por exemplo, certa vez tive uma cliente que queria um lembrete para manter sua assertividade quando expressasse suas ideias no trabalho. Sua conversa boba era:

"Fala pra eles, Doris."

Era algo que o avô dela dizia para sua avó em tom de brincadeira quando ela começava a se empolgar com algum assunto pelo qual era apaixonada. Para minha cliente, essa frase simples era carregada de significado pessoal e encorajamento. Ela a lembrava da força e assertividade de sua avó, inspirando-a a canalizar a mesma energia.

É um exemplo perfeito de como algumas palavras, profundamente enraizadas em nossa história pessoal, podem servir como um poderoso alicerce em momentos de insegurança ou hesitação. A conversa boba se transforma em algo maior do que meras palavras; passa a ser o eco do encorajamento e da resiliência que ressoam de maneira singular em cada indivíduo.

O aperfeiçoamento da atitude mental tem início em nossa escolha de palavras. Devemos selecionar aquelas que nos fazem bem. Aquelas que mais nos servem. Aquelas que nos movem adiante independentemente das experiências passadas que já atrapalharam nosso progresso.

Para ilustrar, vamos presumir que sua conversa boba seja "Permaneça firme". Com essa atitude mental, em uma situação de desentendimento, você é encorajado a escolher palavras que potencializem sua autonomia positivamente, e não que o ponham para baixo ou o deixem frustrado. Vejamos como soa a comparação:

- Negativamente: "Você é impossível."
- Positivamente: (Permaneça firme.) "Estou interessado em uma solução. Se não é isso que está me trazendo, diga logo."

- Negativamente: "Não aguento mais isso."
- Positivamente: (Permaneça firme.) "Vou deixar para tratar desse assunto outra hora."

- Negativamente: "Tentar isso é inútil."
- Positivamente: (Permaneça firme.) "Não vou entrar nessa com você."

Observe como as versões positivas nos levam a escolher palavras e frases que não atentem contra nosso autorrespeito e fortaleçam nossa autoestima. Reserve um momento para elaborar sua conversa boba. Lembre-se de vinculá-la a seus objetivos, começar por um verbo e dar a ela um tom pessoal. A título de inspiração, aqui vai uma breve lista de conversas bobas efetivas usadas com sucesso por meus clientes:

Confiança	"Mantenha a cabeça erguida." "Brilhe!"
Assertividade	"Conquiste seu espaço." "Não confunda, esclareça."
Na defensiva	"Deixa isso pra lá, [nome]." "Se solta, se enturma."
Clareza	"Inspire, expire." "Encontre o cerne disso."
Calma	"Vai devagar aí, [nome]." "Mantenha os pés no chão."

Não podemos controlar as outras pessoas, mas podemos controlar o momento. A fração de segundo anterior ao início de uma conversa é todo o tempo de que precisamos. Provavelmente é o momento mais poderoso em uma conversa e a maioria nem faz ideia do que está acontecendo. Tire proveito disso. Faça uma respiração conversacional. Faça um diagnóstico rápido. Tenha uma conversa boba consigo mesmo. Você vai se surpreender com os rumos proveitosos que podem se revelar.

RESUMO DO CAPÍTULO

- Apresentei três ferramentas para obter mais controle da comunicação: a respiração conversacional, o diagnóstico rápido e a conversa boba.

- A respiração conversacional nos proporciona os benefícios de uma respiração lenta e controlada para mantermos a mente lúcida durante uma discussão. Comece inspirando pelo nariz, em seguida inspire mais profundamente uma segunda vez e, então, solte o ar lentamente; ao repetir, mantenha o ritmo.

- Um diagnóstico rápido de seu estado físico e mental o ajuda a liberar a tensão para que permaneça calmo e focado. Começando com uma respiração conversacional, feche os olhos e examine em que áreas do seu corpo se oculta o estresse, depois crie um rótulo para nomear como está se sentindo.

- A conversa boba potencializa uma atitude mental que aumenta a sensação de controle sobre nossas reações. Começando com um verbo no imperativo, crie uma frase breve que seja significativa para você e não vá contra seus valores.

- Cada uma dessas três ferramentas o ajuda a manter o controle durante um conflito, impedindo-o de entrar sem querer na fase de ignição.

CAPÍTULO 6
Controle o ritmo

— O senhor faz ideia de qual era sua velocidade quando o acidente...
— Acho que uns sessenta e pouco por hora — interrompeu Chuck, meu cliente.
— ...aconteceu? — terminou a advogada, uma leve satisfação em seu tom de voz. — Preciso que me deixe terminar a pergunta antes de responder, ok?
— Ok — concordou ele.
— O senhor faz ideia de qual era sua velocidade quando o acidente aconteceu...
— Uns sessenta e pouco por hora — cortou ele outra vez.
A advogada pediu mais uma vez para que ele a deixasse finalizar a pergunta. Fiquei preocupado. Advogados querem que respondamos rápido, pois assim não pensamos na resposta e fica mais fácil nos controlar e pôr palavras em nossa boca. Mas Chuck sabia que não podia interromper. Durante sua preparação para o depoimento, eu o instruíra sobre a necessidade de respeitar o registro dos autos e esperar o advogado terminar a pergunta. Só que ele começou a se apressar. Eu precisava tranquilizá-lo um pouco. Após uma nova rodada de perguntas e respostas, solicitei uma breve pausa para falar com meu cliente no corredor.
Ao deixarmos a sala, apontei com meu bloco amarelo para umas cadeiras no canto.
— Vamos nos sentar ali — falei.

— Ok — disse ele, quase ofegante.

Assim que nos sentamos, perguntei casualmente:

— O que pretende fazer neste fim de semana? Está planejando fazer alguma coisa?

Ele pareceu confuso.

— Hã?

— Neste fim de semana — repeti, desembrulhando uma bala de hortelã. — Quais são os planos com a família?

— Ah. Hum, não tenho certeza, deixa eu ver. — Conforme pensava, ele se aquietou. Percebi seus ombros relaxarem. Sua respiração desacelerou. Após uns sete segundos, ele respondeu. — A gente vai levar as crianças para ver o filme dos animais falantes.

— O novo, que acabou de sair? — perguntei.

Ele fez outra breve pausa.

— Isso, esse mesmo.

— Ei, vocês vão gostar — falei. — Qual é mesmo a idade delas?

— Cinco e sete — respondeu ele com um sorriso, agora mais relaxado. O *reset* funcionou.

— Ah, é uma idade ótima — repliquei, ficando de pé após mal termos acabado de sentar. Ele também se levantou. — Escuta, quando voltar lá dentro, quero que trate cada questão como se ela estivesse perguntando o que você vai fazer no fim de semana. Responda como me respondeu. Sem pressa.

Chuck assentiu com a cabeça; a comparação foi como um estalo.

— Pode deixar. Uma pausa, certo. Respirar.

— Exatamente — falei. — Você controla o ritmo. Não ela.

Quando regressamos à sala da audiência, ele mudou da água para o vinho. Não voltou a interromper e fez uma pausa para refletir antes de todas as respostas. A apressada energia anterior de quase pânico sumira, dando lugar a uma atitude calma e deliberada. A advogada também notou a mudança quando o ritmo que tentava impor foi quebrado pela compostura de Chuck. Ela foi incapaz de apressá-lo com um bombardeio de perguntas. Ele se saiu muito bem.

A dádiva de uma pausa

Quando estamos ansiosos, assustados ou irritados, falamos mais rápido ou mais devagar?

Mais rápido.

É um sinal completamente normal da fase de ignição. O aumento da frequência cardíaca acelera nossos processos mentais, preparando-nos para reagir em uma fração de segundo. Os reflexos ficam mais ágeis. A velocidade passa a ser prioridade. Como resultado, a mente começa a pensar mais rápido do que a boca é capaz de articular as palavras. Por isso, a tendência é falarmos muito mais rápido do que o normal. A pressa nos leva a reagir de modo mais emocional, em vez de responder com base na lógica. Há uma famosa expressão popular para isso que todo mundo sem dúvida conhece: falar pelos cotovelos.

Quando nos apressamos, além de nos expormos a problemas óbvios como tropeçar nas palavras e externar pensamentos incompletos, também atropelamos nosso próprio raciocínio. Perdemos a oportunidade de desenvolver nossos argumentos. Uma fala apressada também indica que não estamos escutando de fato e dá a entender que as respostas já estavam sendo elaboradas antes da pergunta chegar ao fim. Deixamos escapar coisas.

Em situações assim, quando nos damos conta de que estamos acelerando, há uma crença equivocada de que não temos controle sobre o que está ocorrendo. Que somos simplesmente arrastados pela correnteza. Mas a verdade é que nosso pé está no freio o tempo todo.

Só precisamos pisar fundo.

Além das ferramentas apresentadas no capítulo anterior, há um elemento em nossa comunicação capaz de nos distinguir de todos os demais.

Uma pausa bem calculada.

O silêncio pode ser definido como ausência de som, mas não é ausência de comunicação. Não digo isso apenas da boca para fora: o silêncio é a ferramenta mais eficaz a sua disposição para corrigir problemas de comunicação.

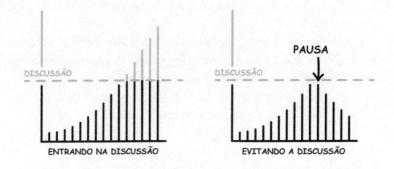

Por que não o utilizamos com mais frequência? Por dois motivos. Para começar, muita gente o evita, por considerá-lo incômodo. Esse pensamento deriva em parte dos padrões de velocidade vistos na mídia atual. Podcasts e vídeos para as redes sociais são editados com a remoção de pausas. Filmes e programas gostam de dramatizar o impacto do diálogo rápido, dando a impressão de que todo mundo já sabe o que vai dizer. De fato, isso acontece porque os atores dispõem de um roteiro e há a edição final. Não é a comunicação da vida real. Pense nos âncoras dos noticiários como mais um exemplo. A televisão tende a exibir pontos de vista opostos na política e nos esportes por meio de réplicas afiadas, como se fossem o coroamento de uma vitória intelectual, criando a percepção distorcida de que a rapidez é mais importante que o conteúdo. As discussões no mundo real não ocorrem como na mídia. Ela não nos serve como um parâmetro justo.

Em segundo lugar, as pessoas tendem a acreditar que o silêncio é uma demonstração de fraqueza. Em contextos mais profissionais, por exemplo, impera a ideia de que a demora em responder a uma pergunta, seja por e-mail, seja presencialmente, revela falta de conhecimento ou preparo. Esse medo nos leva a priorizar o imediatismo, às vezes em detrimento da precisão ou da reflexão. Também nas conversas do dia a dia podemos recorrer a interjeições e marcadores discursivos para preencher o silêncio com palavras ("né?", "e daí" etc.) ou sons ("hã", "hum" etc.). Temos a impressão de que o silêncio é um sinal de incompetência, quando na realidade trata-se do bom senso aguardando a vez de falar. Sinal de fraqueza é atropelar as palavras. Falar com calma revela força.

Aprender a utilizar as pausas nos ajuda a reforçar nossa imagem de competência e a mostrar que somos indivíduos mais ponderados e, portanto, mais confiáveis. Em vez de achar que o silêncio corresponde à insegurança, adote a atitude mental de que o silêncio oferece uma garantia de que o que será dito em sequência é uma certeza. O uso estratégico do silêncio reflete intenção, não hesitação. Quando bem cronometradas, as pausas são um sinal de autoconfiança e autocontrole. Na maioria das vezes, quem controla o ritmo da conversa é a pessoa de maior autocontrole.

É isso que a pausa tem de tão poderoso. Ela nos dá a capacidade de controlar o tempo.

Eis o que esse controle nos proporciona:

Tempo para refletir. As pausas nos dão tempo para decidir. É uma atitude mental de não permitir que ninguém nos obrigue a dizer coisas que não queremos. Sem dúvida podemos decidir responder, se quisermos. Mas também podemos optar por não abrir a boca. Não responder também é uma resposta. A escolha é sempre sua. A pausa proporciona tempo não apenas para escolher as palavras, mas também para assumi-las. Quando fazemos uma pausa, não estamos somente controlando o ritmo da conversa. E sim afirmando nossa presença nela.

Esse momento de reflexão não tem a ver com hesitar — é uma admissão deliberada de que sabemos quem somos. Quando pausamos antes de responder, demonstramos estar no controle de nossos pensamentos e emoções. Mostramos à outra pessoa que não agimos por impulso, mas pautados pela ponderação. Sempre que refletimos antes de responder, demonstramos nosso valor, nossa confiança e nosso domínio da situação.

A pausa nos proporciona a capacidade de escolher e decidir:

- Será que vale a pena perder minha paz de espírito por causa dessa pessoa?
- O que gostaria de dizer precisa mesmo ser dito? Precisa ser dito agora? E de fato cabe a mim dizer?

- Minha fala vai contribuir ou prejudicar a conversa?
- O que vou dizer agrega valor à discussão ou falarei apenas por falar?
- Minhas palavras ajudarão a promover meus valores e objetivos?
- Há mais coisas que preciso compreender antes de responder?

Palavras ditas após um silêncio deliberado exercem maior impacto, pois indicam que a fala seguinte resulta da reflexão, acrescentando peso ao que queremos dizer.

Tempo para reconsiderar. Uma pausa nos proporciona tempo para prepararmos nossa reação, recorrendo à respiração conversacional, ao diagnóstico rápido ou à conversa boba. Ela nos ajuda a avaliar nossa prontidão em viver o momento presente. Preserva nossa energia, como os descansos entre uma série e outra durante um treino pesado. O uso do silêncio é fundamental também para avaliarmos o mundo que nos cerca e medirmos a temperatura ambiente. É uma oportunidade para observar reações, expressões e linguagem corporal das outras pessoas e ter uma ideia de sua atitude mental. A pausa nos impede de nos fixarmos exclusivamente no que estamos tentando dizer e demanda todos os nossos sentidos para captar o que o outro está tentando falar.

É a diferença entre se agarrar com teimosia a suas opiniões durante uma discussão e ter a capacidade de dizer a si mesmo: *Espera aí, será que é isso mesmo que estou querendo dizer?* A pausa nos permite recuar e avaliar se os rumos da conversa estão alinhados aos nossos valores e objetivos. Observar de fora devido à pausa nos informa e orienta a respeito de qual será o próximo passo — se devemos assumir uma estratégia menos confrontadora, reafirmar nossa posição ou ver a questão por um novo ângulo.

Tempo para recalibrar. Quando uma conversa começa a ficar acalorada, o silêncio funciona como um balde de água fria. Cria distância entre o estímulo e a resposta, reduzindo a intensidade da agitação emocional. Ajuda a apagar o incêndio. Por isso, o silêncio é fundamental para chegarmos ao ponto de resfriamento. Ele nos permite recalibrar nosso tom de voz. Uma pausa representa a escolha estratégica de evitar dizer algo que talvez piore a situação. Revela maturidade e sabedoria. Faz de você a mais sensata entre as partes, a quem vai caber decidir se o que foi dito já é suficiente e quando é hora de encerrar a discussão nos seus termos, não nos do interlocutor.

Além de ajudar a regular nossas emoções, a pausa também ajuda o outro lado a refletir sobre as dele. Interrompe o ciclo de respostas rápidas, evitando que ambos deixem escapar a fase de resfriamento. Isso é muito importante. Pausas deixam a conversa mais entrecortada porque a impedem de assumir um ritmo muito elevado de tensão. Isso é bom. Poupa os envolvidos de ficarem "emocionalmente sobrecarregados", graças à inserção desse intervalo para que a lucidez seja preservada.

Não permita que interpretações equivocadas sobre o silêncio o impeçam de acolher o poder da pausa. Utilize-a para controlar o tempo em seu benefício, criando as oportunidades para uma reflexão significativa e a contemplação em qualquer conversa.

Como e quando usar pausas

Se queremos ter mais controle ao falar, temos de ficar mais à vontade com o silêncio. Não há alternativa. O que você fará com o seu silêncio?

O silêncio de uma pausa na verdade comunica algo. Repetindo: ele pode ser a ausência de som, mas não é ausência de comunicação. Considere os diferentes sinais e mensagens que podem ser transmitidos por essa ferramenta:

- uma pausa após a primeira vez que ele diz "Eu te amo";
- uma pausa após ela perguntar "Você gostou do meu vestido novo?";
- uma pausa após todo mundo exclamar "Surpresa!";
- uma pausa após ela perguntar "Onde você estava ontem à noite?".

O que a pausa comunica é determinado em grande parte pela sua duração. Por exemplo, se levo cinco minutos para responder sua mensagem, normalmente não há problema. Mas cinco dias? Estou comunicando alguma outra coisa.

Nas páginas a seguir, explico essa distinção e qual é a melhor maneira de tirar proveito dos pontos fortes e únicos de uma pausa, dependendo de quanto tempo permitimos que o silêncio dure, transformando cada momento de quietude em uma poderosa ferramenta de comunicação.

Pausas breves são óculos de leitura

Uma pausa breve dura entre um e quatro segundos. As pausas breves trazem ênfase e nitidez a determinadas palavras, como se puséssemos óculos para ler as letrinhas miúdas. Você enxerga melhor as palavras.

Uma pausa breve comunica que já refletimos sobre o que estamos prestes a dizer. Que pesamos e medimos nossas palavras com calma.

Por exemplo, imagine que alguém no escritório chega para você e pergunta: "Consegue terminar aquele relatório hoje até o final da tarde?" Uma pausa breve muda sua sensação de controle:

- sem fazer uma pausa, você retruca: "Já falei que não";
- após uma pausa de quatro segundos, você responde devagar: "Já falei que não."

A voz em sua cabeça interpretou essa mesma frase de forma diferente na segunda vez? Com apenas alguns segundos de silêncio, você soa mais firme, mais seguro de si.

Vamos tentar algo ainda mais simples. Agora imagine que um amigo pergunta: "Como andam as coisas?" Mais uma vez, observe a diferença de tom:

- sem fazer uma pausa, você diz com ironia: "Tudo ótimo";
- após uma pausa de três segundos, você responde: "Tudo ótimo."

Percebeu? A resposta imediata passa a mensagem de que você mal refletiu sobre o que disse, parecendo quase desdenhoso ou leviano. Pode até ter soado menos sincera. Acrescente uma pausa, porém, e isso mostrará que você refletiu sobre sua resposta, conferindo a ela mais peso e impacto. Você sabe que está tudo ótimo.

Pausas breves são ideais para responder perguntas objetivas, sobretudo em uma entrevista ou em um depoimento. Instruo meus clientes a acrescentar alguns segundos de silêncio depois de cada pergunta e antes de cada resposta. Lembre-se de que a primeira palavra é a sua respiração. Isso não só lhe proporciona tempo para considerar e repassar a questão mentalmente, como também o que você disser soará mais ponderado.

Uma breve pausa também serve para dar ênfase, como quando estamos prestes a finalizar uma piada ou antes de dizermos... a palavra certa. O silêncio captura nossa atenção como o suspense ao final do episódio em um seriado, despertando nossa curiosidade sobre o que será dito a seguir.

Eis mais um motivo por que uma respiração conversacional é tão importante — ela é uma breve pausa. Normalmente, ao falar, tomamos fôlego durante a inspiração e falamos soltando o ar. Inspirar em uma respiração conversacional leva três segundos, que é exatamente o tempo necessário para nos realinharmos, nos centrarmos e falarmos em um tom comedido e uniforme conforme soltamos o ar.

Quem faz uma pausa antes de responder — esteja na sala de aula, na reunião da diretoria, na sala com amigos — quase sempre passa a imagem de uma pessoa mais equilibrada e confiante.

Longas pausas e espelhos

Uma pausa longa dura por volta de cinco a dez segundos. Mais do que isso não é uma pausa. É um intervalo na conversa.

Ao contrário da pausa breve para retomar o foco, a pausa longa serve para a reflexão. Ela é como um espelho falso. Pausas longas não apenas nos permitem refletir sobre nossa resposta, como também, e ainda mais importante, obrigam a outra pessoa a observar a si própria.

Quando alguém é mal educado com você e o insulta ou menospreza, uma pausa longa é sua maior arma. Eis as razões:

1. Cinco a dez segundos de silêncio representam tempo suficiente para as palavras dessa pessoa ecoarem de volta. O comentário paira no ar e normalmente a faz questionar ou duvidar do que disse. Por isso, às vezes esse silêncio é usado para a pessoa se antecipar e dizer "Desculpe" ou "Eu não deveria ter dito isso", antes mesmo da sua resposta.
2. O silêncio não pode ser deturpado. É muito melhor responder sem dizer nada do que falar algo que pode magoar, que certamente vai ficar registrado nas atas de seu relacionamento e ser trazido à tona sempre que os problemas voltarem a aparecer.
3. O último a falar geralmente está em desvantagem. Em uma negociação, dizem que o primeiro a falar sai perdendo. Mas, nas discussões, é o contrário. Por quê? Porque a única maneira de levar a melhor sobre alguém que está fazendo insultos ou comentários mordazes é proferir insultos ainda maiores e comentários mais mordazes. Quando nos forçamos a ter a última a palavra, a tendência é esperar que sejamos os primeiros a nos desculpar. Ao inserir uma pausa longa, evitando que tenhamos a última palavra, expomos as palavras da outra pessoa.

Longas pausas funcionam particularmente bem com pessoas que não estão nos dizendo a verdade.

Como você deve imaginar, por ser advogado já escutei menti-ras de muitas testemunhas. A gente se acostuma tanto que escutar uma mentira nem causa surpresa. Mesmo sob juramento.

Houve um caso específico durante um depoimento em que percebi que a testemunha estava mentindo para mim.

Eu sabia que era mentira porque tinha a prova. Ele era o moto-rista do caminhão que colidiu com meu cliente e estava colocando a culpa em outro veículo. Os registros telefônicos mostravam que ele havia enviado uma mensagem pelo celular no exato momento do acidente, também havendo outras mensagens pouco antes da batida. Mas ele não sabia que eu os obtivera.

— O senhor estava digitando no celular enquanto dirigia? — perguntei na lata.

— Negativo — respondeu ele com firmeza. — Nunca uso o celular quando estou no volante.

Seu primeiro erro: usar um termo absoluto, como "nunca". Quando alguém faz isso, normalmente se mete em maus lençóis. Assim, se sua resposta for nunca, é bom estar falando sério.

Usei uma longa pausa, cerca de oito segundos, deixando que suas palavras pairassem no ar.

Seus olhos começaram a correr em torno da mesa. Ele ficou inquieto na cadeira. Tendo tido tempo suficiente para escutar o eco das próprias palavras, rompeu o silêncio e voltou atrás no que acabara de afirmar.

— Quer dizer, nunca, talvez não. Acho que às vezes sim. De-pende da situação, sabe. Francamente, não lembro.

Seu segundo erro. Começar a se retratar.

Fiz outra longa pausa. Dessa vez, dez segundos. O suficiente para ser quase constrangedor.

Pessoas honestas não se abalam com o desconforto de uma pausa. Não se incomodam com o silêncio porque não têm nada a esconder. Pessoas desonestas, por outro lado, em geral não se aguentam. Quando há silêncio, é como se tivessem que se reafir-mar. Elas percebem que você não está mordendo a isca. Preen-chem as lacunas para você, tendo uma conversa interior sobre o que você deve estar pensando ou prestes a dizer. Muitas vezes, na ânsia de preencher o vácuo, sabotam a própria narrativa.

Vendo que ele voltara atrás no que disse, dei-lhe duas opções: contar a verdade ou se complicar ainda mais.

Repeti minha pergunta original:

— O senhor estava no celular enquanto dirigia?

— Talvez estivesse, sim — respondeu ele, soando quase aliviado.

Coloquei a mão sobre uma pasta perto de mim, na mesa. Eram apenas alguns documentos que não tinham a ver com o caso. O registro do celular continuava na minha bolsa.

Sem tirar a mão da pasta, pressionei-o:

— O senhor estava trocando mensagens com outro caminhoneiro.

Ele balançou a cabeça e confirmou:

— Estava.

Em poucos minutos, ele dera uma volta de 180 graus. Sem discussões. Sem vozes elevadas. Sem gritos, como os de Jack Nicholson, "Você não é capaz de lidar com a verdade!". Tudo que fiz foi usar o poder de uma longa pausa. Ele viu o reflexo de suas palavras no espelho e cuidou do resto.

No Capítulo 8 vou ensiná-lo a refinar suas técnicas de pausa para responder a ofensas com mais eficácia. Por ora, tudo que você precisa saber é que diferentes situações requerem tipos diferentes de pausa. Esteja você em um conflito direto, em uma reunião profissional complicada ou simplesmente em uma conversa pessoal delicada, a pausa certa no momento certo pode transformar a dinâmica do diálogo e pôr o leme em suas mãos.

Tem a ver com mais do que apenas silêncio. Tem a ver com controlar o tempo para desacelerar suas reações e criar um espaço para refletir, reconsiderar e recalibrar.

RESUMO DO CAPÍTULO

- Uma pausa bem cronometrada nos concede o poder do tempo: tempo de refletir, tempo de reconsiderar, tempo de recalibrar.

- Fazer uma pausa durante uma discussão não é sinal de hesitação, mas de intenção e autocontrole. Na maioria das vezes, quem controla o ritmo da conversa demonstra maior tranquilidade.

- Palavras pronunciadas após o silêncio deliberado causam mais impacto porque indicam que o que está por ser dito foi cuidadosamente pensado, conferindo mais peso a seu significado.

- A duração de uma pausa depende de diferentes contextos. Esperar de um a quatro segundos antes de responder uma pergunta faz você soar mais firme e determinado. Uma pausa maior de cinco a dez segundos gera ansiedade e serve como um espelho que propicia a fase de resfriamento.

- Quando acolhemos o silêncio de uma pausa, tomamos o controle do ritmo em que o conflito se desenrola. É como usar o freio do carro. Controlar a velocidade das interações nos permite conduzi-las em segurança rumo a um desfecho mais construtivo.

Regra 2:
Fale com confiança

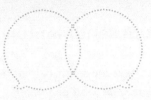

CAPÍTULO 7
Voz assertiva

Imagine que você seja voluntário em um estudo sobre sentimentos. Os médicos posicionam um monte de fios e eletrodos à sua cabeça e ao seu peito para monitorar os sinais vitais. Um cientista se aproxima de você munido de prancheta e bloco de anotações e ordena: "Fique feliz neste exato instante."

Você o encara, sem compreender. Feliz? Com o quê? Até tenta sorrir e faz força para dar risada, mas está longe de passar alguma autenticidade. Você tenta pensar em algo que o deixe feliz. Mas não está funcionando.

O cientista rabisca algo no bloco de anotações e então ordena: "Fique assustado neste exato instante."

Como antes, você sente dificuldade em se sentir assustado. Todos aqueles fios e monitores de fato são meio estranhos, mas não chega a assustar de verdade. Então você tenta se lembrar do último filme de terror que assistiu, mas sua mente divaga, e você acaba pensando no fato de que as notícias mundiais são mais assustadoras do que a maioria dos filmes de terror.

O cientista faz mais anotações. Então respira fundo e o instrui: "Fique com raiva neste exato instante." Porém, ele mal termina de pronunciar a palavra "instante" quando, *bam!*, ele dá uma pranchetada na sua cabeça.

Você faz uma carranca e o fuzila com o olhar na mesma hora. Não acredito no que acabou de fazer. Você está chocado e ofendido. Mais do que tudo, sente-se com raiva de imediato.

O cientista sorri. "Agora, sinta perdão em seu coração!"

Confiança é um sentimento

"Jefferson, o que faço para me sentir confiante?"

Seja para se ambientar ao local de trabalho, seja para ir bem em uma entrevista ou defender suas opiniões, essa é de longe a pergunta que mais recebo. Contudo, essa é a pergunta errada a se fazer.

Os sentimentos não podem ser acionados como um interruptor. Eles derivam de algo: uma lembrança ruim, um pensamento feliz, um ambiente estressante. Surgem por algum motivo — como uma pranchetada na cabeça. A confiança funciona da mesma maneira. Trata-se de um sentimento, e por isso não pode ser invocada quando se quer. A confiança não está no banco de reservas à espera de ser chamada. Por isso, muitas vezes não a encontramos quando mais precisamos. Sabemos o que é tê-la quando nos sentimos confiantes. Trata-se da capacidade de agir movido pela sensação de sabedoria e apreço tanto por seus pontos fortes quanto por suas limitações.

Desse modo, perguntar "Como me sentir confiante?" é o mesmo que perguntar "Como me sentir com raiva?". A coisa não funciona desse jeito. A única forma de se sentir mais confiante é viver esse sentimento com plenitude. A confiança é um processo ativo que construímos e acumulamos ao adotar comportamentos específicos.

A questão não é "Como me sentir confiante?", e sim "O que posso fazer para ter experiências que consolidem minha confiança?". A confiança é encontrada durante a ação. E tal ação é chamada de "assertividade". Confiança é como agem as pessoas assertivas.

Assertividade é o modo como expressamos a confiança. Ao contrário da confiança, que é um sentimento, ser assertivo é uma ação. Podemos pensar na confiança como um processo interno, ao passo que a assertividade é externa. Ser assertivo resulta da confiança em ação. A assertividade é encontrada no modo como dizemos as coisas, no peso que damos às nossas palavras.

A confiança e a assertividade se complementam. Juntas, geram um ciclo de retroalimentação positivo: falar de maneira mais assertiva gera o sentimento de confiança, enquanto o sentimento recém-conquistado de confiança nos encoraja a falar com maior assertividade. É uma combinação transformadora. A capacidade de defendermos nossas necessidades e opiniões de maneira que contribua com nossa credibilidade é um poder que está além das palavras.

Como falar com assertividade? Vou mostrar.

No entanto, não espere que só de ler isso você vai se lembrar do que fazer quando precisar como num passe de mágica. Escolha uma das dez lições a seguir e aplique-a em sua próxima conversa.

Seu treinamento em assertividade começa agora.

Não me faça pegar minha prancheta.

Dez maneiras de praticar a assertividade agora mesmo

A assertividade começa pelo básico. O ponto de partida é a construção de um vocabulário de palavras assertivas e frases usuais que transmitam confiança sem agressividade. A seguir, você vai aprender os padrões de som e entonação específicos que demonstram autorrespeito. Em conversas, e-mails, mensagens e video-conferências, você vai começar a identificar oportunidades para se posicionar com firmeza e educação. Logo estará totalmente imerso na linguagem assertiva e, antes que perceba, vai se sentir mais confiante em qualquer conversa sem nem precisar pensar duas vezes.

Vamos começar.

Lição 1: Cada palavra importa

Acima de qualquer dica ou truque sobre como ser mais assertivo, nada é mais importante do que nossa escolha de palavras. O linguajar que escolhemos — cada uma das palavras que empregamos — impacta de maneira direta nossa capacidade de autoafirmação. Cada e-mail enviado, cada mensagem trocada.

Cada.

Palavra.

Importa.

Como perguntei no começo deste livro: o que suas palavras expressam sobre quem você é? As ações em geral falam mais alto do que as palavras, mas não as substituem. Há força no que é dito. Nossas palavras representam nossa personalidade, nossa reputação e nosso caráter. Apostar no que você fala e em seus modos de se expressar é um investimento em seu futuro eu — em sua autoestima e na pessoa que você deseja ser. Por exemplo, imagine um simples e-mail para um colega:

- "Só gostaria de dar uma repassada no projeto."

Agora ajustemos uma palavra:

- "Gostaria de dar uma repassada no projeto."

Percebeu a diferença? A primeira versão transmite cautela. A segunda passa mais confiança. Bastou remover uma palavra para a frase assumir um novo tom. O "só" no primeiro caso faz você soar quase hesitante, como se não quisesse incomodar (embora queira). A segunda frase afirma categoricamente o que se pretende fazer.

Eis mais alguns exemplos de antes e depois:

- Inseguro: "Andei pensando se não deveria perguntar à equipe."
- Assertivo: "Vou perguntar à equipe."

- Inseguro: "Acho que só estou tentando entender melhor suas expectativas."
- Assertivo: "Preciso entender melhor suas expectativas."

O que a assertividade exige não é difícil. Você consegue. Sabe como é. Todas as habilidades necessárias para liberar essa nova voz já existem em você. Uma vez que abrir os olhos para as incertezas na linguagem que você e os outros empregam na comunicação cotidiana, o desperdício de palavras saltará aos seus olhos como algo gritante. E você nunca mais vai deixar de notar.

Lição 2: Prove para si mesmo

A confiança é encontrada na ação, lembra? Para se sentir confiante, você precisa começar a provar a si mesmo que vai fazer o que disse. Isso significa informar a outra pessoa sobre seu próximo passo, e então dá-lo. O segredo é dizer em voz alta. Diga o que está fazendo, ou vai fazer, em voz alta e no tempo presente. Por exemplo:

- "Estou encerrando esta conversa."
- "Estou pedindo sua permissão."
- "Estou deixando um lembrete."

Nada de "gostaria" ou "acho que". Elimine a hesitação ao verbalizar suas ações e intenções.

Aqui está outro exemplo que vejo o tempo todo em e-mails:

- "Ver anexo, por favor."

Qual o sentido disso? É óbvio que o destinatário vai ver. Você o inseriu no e-mail. É lógico que ele sabe que há um anexo. É visível. A expressão "por favor" não acrescenta nada. A frase é passiva e fraca, como se o seu papel fosse apenas passar a bola para a frente. Talvez isso não o incomode. Entretanto, por que desperdiçar até as mínimas oportunidades de demonstrar confiança em sua comunicação, credibilidade ou reputação?

"Segue contrato em anexo" ou apenas "Contrato em anexo" soa mais direto, ativo e assertivo. Você está se expressando com autoconfiança ao dizer à pessoa o que pretende fazer e depois realizar a ação.

O efeito de dizer o que faremos à outra pessoa é secundário em relação ao importante efeito causado em nós. Há uma sensação de empoderamento quando nos expressamos e depois cumprimos nossa palavra, como se disséssemos: "Deixa que eu cuido disso." Estamos provando a nós mesmos que acreditamos em nossas capacidades — pequenas ações assertivas que vão alicerçando nossa confiança à medida que acumulamos essa experiência. Tais medidas exercem ainda mais impacto quando o assunto é impor limites, como abordado no Capítulo 9. Quando afirmamos o que pretendemos fazer e depois de fato fazemos, provamos ser o tipo de pessoa que cumpre o que diz. Caso contrário, corremos o risco de que passem por cima de nós.

Imagine que você está numa discussão acalorada. A tensão aumenta até chegar a um ponto em que os ataques pessoais se intensificam, e você sente necessidade de pôr um ponto-final na conversa, então exclama: "Juro que se você disser isso mais uma vez, fim de papo! Já estou de saco cheio. É sério!" Sem hesitar, a outra pessoa repete o que disse. Contudo, você não se afasta. Continua ali, discutindo e gritando, exacerbando a situação.

Você ganhou ou perdeu credibilidade?

Para piorar, se sabotou. Agora a outra pessoa sabe que você não cumpre o que diz. Você assumiu a imagem do cão que ladra, mas não morde.

Retome o controle com um linguajar assertivo e o utilize como base. Afirme o que vai fazer, depois faça:

- Em vez de virar as costas com rispidez e bater a porta, diga "Estou indo" e se afaste.
- Em vez de desligar o telefone de repente, diga "Vou desligar" e desligue.

Pense nisso como cantar a bola em um jogo de sinuca. Agir segundo sua intenção demonstra autoconfiança. Você comunica que não tem medo de afirmar o que pretende fazer. Que acredita em sua capacidade de cumprir o prometido. E, quando cumpre, consolida essa convicção. Tal coerência faz parte do ciclo de retroalimentação positivo, em que dizemos o que vamos fazer e fazemos. E, na próxima ocasião, você se sentirá mais confiante.

Confiança consiste em dar as caras e provar a si mesmo que você é alguém que cumpre o que promete. Quando honra sua palavra, atende às próprias expectativas e recorre a uma linguagem assertiva, você contribui para sua capacidade de sentir autoconfiança.

Lição 3: Expresse suas necessidades sem pedir desculpas

Imagine que você é o melhor advogado do mundo. Alguém talhado para o ofício, que exala confiança. Seu cliente é seu verdadeiro eu, trajando uma roupa casual, como se você tivesse criado uma cópia de si mesmo dotada das mesmas vontades, necessidades e preocupações da versão original. Ambas as versões entram na sala de reuniões de uma grande corporação, os demais sentados do outro lado da mesa. Dando um tapinha nos ombros de seu cliente, você o instrui a se sentar enquanto você permanece de pé.

Você tem consciência de que, se não lutar pelos direitos de seu cliente, ninguém mais o fará. É a última esperança dele. Você se preparou e compreende exatamente o que ele quer. Quando a reunião começa, você fala em nome dele:

- "Meu cliente não vai aceitar isso."
- "Meu cliente quer expectativas justas."
- "Meu cliente precisa receber uma garantia de que isso não vai voltar a acontecer."

Ao defender seu cliente, sua voz é firme. Você soa assertivo. Não está apenas participando como também conduzindo a conversa com confiança, brigando com unhas e dentes pelas necessidades e pelos direitos dele. Cada palavra é escolhida de modo deliberado, dedicada a proteger e promover o que é melhor para o cliente e a assegurar que ele seja tratado com a dignidade que merece. E, ao fazer isso, você se dá conta do poder de sua voz.

Com esse mesmo poder e tom de voz, esse mesmo senso de justiça, substitua "meu cliente" por "eu".

- "Eu não aceitarei isso."
- "Eu quero expectativas justas."
- "Eu preciso de uma garantia de que isso não vai voltar a acontecer."

É nisso que consiste lutar por si mesmo.

Para ser mais assertivo, adote a atitude de sempre declarar suas necessidades. Comece as sentenças com "Preciso". Essa simples mudança de linguagem o capacita a ter autonomia em relação ao que quer e a comunicar seu desejo de maneira explícita.

- "Preciso de um momento."
- "Preciso falar com você."
- "Preciso que saiba como isso me afeta."
- "Preciso da sua ajuda."

Não podemos falar de maneira assertiva se não sabemos como assegurar nossas necessidades. Temos de ser nosso advogado. Isso significa parar de se desculpar e justificar em excesso. Não estou me referindo aos pedidos de desculpa genuínos, e sim a desculpas fingidas, desnecessárias, vazias. Aquele "desculpe" com que polvilhamos nossas solicitações, perguntas ou elucidações, como:

- "Oi, desculpe, tem um minutinho?"
- "Não, hoje não posso. Desculpe!"
- "Desculpe incomodá-lo."
- "Desculpe, não sei se compreendi."
- "Desculpe, pode repetir?"

A palavra "desculpe" pode parecer segura, mas faz mais mal do que bem à sua autoestima. Guarde os pedidos de desculpa legítimos para os momentos em que isso de fato faz diferença, como pedir perdão, reconhecer um erro ou se solidarizar com o sofrimento alheio.

Em vez de um excesso de desculpas, utilize palavras de gratidão ou não diga nada.

- Antes: "Desculpe, estou atrasado."
- Depois: "Agradeço a paciência de todos."
  (Exceto quando você está muito atrasado; nesse caso, peça desculpas.)

- Antes: "Desculpe incomodar."
- Depois: "Agradeço sua ajuda."

- Antes: "Desculpe por fazer tantas perguntas."
- Depois: "Obrigado pelas explicações."

Você pode não perceber, mas desculpas excessivas cobram um preço de sua atitude mental. Passamos a nos ver mais como um aborrecimento, um estorvo. Tenha em mente que sua autoestima não tem relação com sua eventual inconveniência. Afirmar suas necessidades e expressá-las de forma a preservar seu respeito e sua credibilidade nunca é um inconveniente; é uma necessidade.

Lição 4: Fale apenas quando fizer diferença

Em meu antigo escritório de advocacia, participei de uma acalorada reunião de diretoria para discutir temas típicos de fim de ano, como bônus, aumentos salariais e iniciativas para o ano seguinte.

Sempre que algum progresso parecia ter sido obtido, uma coisa era certa: um dos sócios dava um jeito de fazer algum comentário ou apontar falhas no que estava sendo proposto. Ele fazia isso independentemente da relevância do comentário, atrapalhando a decisão e prolongando a reunião. Não tenho nada contra bancar o advogado do diabo para analisar uma ideia por todos os ângulos, mas esse sujeito adorava levantar questionamentos do tipo "mas e se", sem o menor interesse em se responsabilizar por soluções.

Você conhece o tipo. Ele se queixava em voz alta de como estava estressado, ao mesmo tempo em que fazia o mínimo. Era de conhecimento geral ali que ele tinha menos horas trabalhadas e gerava o menor rendimento dentre todos os presentes. "Só chapéu e nenhum gado", como dizemos no Texas para alguém que fala muito e não faz nada. Quanto mais o sujeito falava, mais respeito e credibilidade perdia. Cada vez que ele interrompia, crescia o coro dos que gemiam, suspiravam ou reviravam os olhos.

O sócio sênior mais respeitado, porém, quase não abria a boca. Quando o fazia, no entanto, todo mundo parava de falar e prestava atenção. O silêncio era um reconhecimento de como a opinião desse sócio era necessária.

Quem mais fala costuma ser a pessoa que menos sabe e menos contribui, ou cuja opinião é a que tem menos relevância. Tenho certeza que você já participou de alguma reunião virtual em que em geral o primeiro a querer dar pitaco sobre cada pormenor é o menos informado de todos.

Um dos maiores diferenciais entre pessoas confiantes e inseguras é a frequência com que sentem a necessidade de opinar. Quando abrem a boca, elas se entregam. Não estou afirmando que não devemos participar, mostrar preocupação ou saber trabalhar em equipe, e sim que pessoas inseguras muitas vezes sentem um impulso de comentar qualquer coisa. Sua insegurança as convence de que têm que se reafirmar. Todo mundo precisa testemunhar como são inteligentes, como estão com a razão, como são melhores do que as demais. O fato de se sentirem inseguras motiva seu desejo de assegurar que todos pensem o contrário. Essa insegurança se manifesta de maneiras óbvias: tentando impressionar ao citar algum tipo de conexão com gente importante, bancando o superior ou insistindo em sempre ter a última palavra.

Pessoas confiantes não se sentem compelidas a dizer nada. Há sabedoria em seu silêncio. Elas escutam, observam, absorvem. Pessoas confiantes sabem que não têm nada a provar, pois estão seguras de suas capacidades e de seu conhecimento. Sua autoconfiança não depende de validação externa. Por se sentirem tão seguras de si, elas não têm o menor desejo de estar sob os holofotes.

Quando uma pessoa insegura não confia na própria contribuição, ela tenta se mostrar confiante em suas críticas. Não seja assim. E, da próxima vez que presenciar uma cena dessas, compreenda que a insegurança é como uma coceira que ela não consegue evitar. Lembre-se de que alguém com uma autoconfiança genuína escolhe o momento de intervir.

Lição 5: Fale menos

Quanto menos palavras, mais nítido é o argumento.

Pense na conversa como uma relação de oferta e procura. Para a economia, o excesso de algo leva à queda de interesse. A quantidade excedente derruba o preço. Em contrapartida, quando a oferta é muito reduzida, o interesse aumenta. A demanda inflaciona os preços. O mesmo princípio se aplica à comunicação. Quanto mais palavras utilizamos, menos os outros estão dispostos a escutar, e o que dizemos vale cada vez menos. Contudo, quanto menos falamos, mais os outros prestam atenção e valorizam nossas palavras. Cada uma delas tem impacto. Se você inunda o mercado do diálogo com um excedente de palavras, gera um déficit de atenção.

É por esse mesmo motivo que o excesso de explicações desgasta a confiança. Quanto mais palavras empregamos, menos temos a dizer. Utilizar palavras demais para dizer algo simples cria um grande problema. A tentação de nos exceder na explicação deriva do medo de que a outra pessoa não vai acreditar em nós (um gatilho de avaliação social). Entretanto, quanto mais palavras utilizamos, menos plausíveis soamos. Quanto mais palavras são necessárias para contar a verdade, mais ela parece uma mentira. Quanto mais tempo falamos, mais passamos a impressão de que não fazemos ideia do que estamos falando.

Lição 6: Elimine os ruídos do discurso

Nós os conhecemos como o "hum", "ah" e "ahn" que desaceleram a fala. Interjeições como essas são naturais e comuns. Nós as utilizamos, em geral de maneira inconsciente, para preencher as lacunas do silêncio e manter a conversa fluindo. Em um ambiente informal com amigos e familiares, isso não constitui problema. Interjeições simples ajudam a manter o ritmo da conversa. Na realidade, nem as escutamos, pois estamos relaxados e interagindo em um nível mais profundo. Em um ambiente mais formal ou profissional, contudo, sinalizam hesitação e minam nossa confiança. O uso desses marcadores discursivos transmite a impressão de que não estamos preparados ou seguros com relação ao que falamos.

Alguns marcadores discursivos que muitas vezes mal notamos:

- "Tipo."
- "Sabe." ou "Entende?"
- "Né?"
- "Certo." ou "Então."

Em vez disso, simplesmente substitua tais palavras pelo silêncio. Observe a diferença:

- Antes: "Então, é, hum, sabe, quando a gente preenche o que fala com interjeições, elas meio que, tipo, desviam nossa atenção da mensagem, certo?"
- Depois: "Quando a gente preenche o que fala com interjeições, elas desviam nossa atenção da mensagem."

Viu? Mesmo ao tentar ler a versão anterior, fica difícil determinar o que está sendo afirmado. Considere isso ao adotar o silêncio.

Quando tentar esse método pela primeira vez, é provável que você fale mais devagar, pois estará deliberando sobre a palavra que vai dizer na sequência para impedir que um marcador discursivo tome seu lugar. Sem problema. Resista à tentação de preencher o ar com ruído. Sinta-se à vontade com o silêncio.

Como abordado no Capítulo 6, o silêncio acrescenta pausas e proporciona maior controle. Ele nos oferece a opção de dar ênfase. Em nossa cabeça, empregar esse método pode parecer desconfortável ou esquisito. Contudo, para o ouvinte, soamos deliberados e confiantes no que dizemos. Tais interjeições não agregam valor para o interlocutor. Toda palavra desnecessária deprecia a mensagem.

Elimine palavras que diluam suas frases. Se espera soar assertivo, opte pela frugalidade.

Lição 7: Nunca se deprecie

Se nem você acreditar que suas palavras têm valor, o outro acreditará menos ainda. O uso de expressões que subvertem a autoestima corrói a autoconfiança de maneira gradual. Frases como:

- "Odeio incomodar..."
- "Sei que isso pode parecer estúpido..."
- "Desculpe a pergunta boba..."
- "Acho que estou deixando escapar alguma coisa..."
- "Você deve saber melhor do que eu..."

Olha. Compreendo que essas frases são ditas na melhor das intenções. Você quer suavizar o modo como aborda outros indivíduos ao utilizar um tom carregado com certa humildade e autodepreciação. E isso é admirável. Entretanto, muitas vezes, não é assim que a mensagem é captada pelo receptor.

Em vez disso, o sinal que está enviando é de que se vê como inferior. Soa mais como se estivesse tentando baixar as expectativas em relação a sua contribuição. Isso lança uma sombra de dúvida sobre suas capacidades antes mesmo de você poder demonstrá-las por completo.

Como consequência, a outra pessoa associará essas palavras ao impacto e à influência exercidos por você. Ou seja, quando você diz "Odeio incomodar...", o que ela escuta é "Vou dizer algo que definitivamente vai incomodá-lo"; ou acha que o que você está prestes a dizer soará tolo; ou que a pergunta que está prestes a fazer é estúpida. Nenhuma dessas mensagens é assertiva. Isso lembra a discussão sobre desculpar-se em excesso. É como se pedisse desculpas por ocupar espaço, que é o exato oposto de uma linguagem assertiva. Além disso, quando recorremos a esse tipo de frase, impomos uma obrigação social ao outro de relevar o que dizemos ou nos perdoar, respondendo algo do tipo "Ah, não é incômodo nenhum" ou "Não. É uma boa pergunta". Isso força ambos a terem uma miniconversa sobre suas inseguranças antes mesmo de você chegar ao assunto principal. Formulando nossas interações como autodepreciação, reforçamos de maneira inadvertida a ideia de que a nossa voz não merece ser ouvida, ou de que ela tem menos valor que a dos demais.

Também nos depreciamos quando complementamos a frase com algo como "Faz sentido?". Entendo que por trás disso há a necessidade de que nossas ideias causem boa impressão e um anseio pela validação de que são de fato coerentes. Entretanto, na realidade, a sentença cria uma situação em que só temos a perder. Na melhor das hipóteses, você soa como se estivesse inseguro, como se não acreditasse no que está dizendo. Por exemplo: "Eu estava pensando que a gente podia remarcar a reunião de amanhã por causa da chuva, com o trânsito e tudo mais. Faz sentido?" E, na pior das hipóteses, você se arrisca a insultar a pessoa com quem está falando, pois a frase presume que ela pode não ter compreendido o que você disse, mesmo que tenha. Por exemplo: "Então, é só conectar essas duas peças aqui para ele funcionar. Faz sentido?" A fim de evitar qualquer um desses resultados indesejáveis, o melhor é omitir a pergunta ou substituí-la por algo como "O que acha?" ou "Que tal?".

Sempre que se pegar prestes a minimizar seu papel, faça uma pausa e reconsidere como será possível expressar seus pensamentos de maneira assertiva sem soar como se duvidasse de si mesmo. Lembre-se de que suas contribuições são valiosas e que manifestá-las com confiança pode mudar não só como você é percebido pelos outros como também como você percebe a si mesmo.

Assim, tente empregar frases que o ajudarão a elaborar melhor ou esmiuçar a questão levantada. Por exemplo:

- "Gostaria de acrescentar algumas coisas ao que você falou."
- "Quero me aprofundar um pouco mais nisso."
- "Posso ir além?"
- "Pensei em algo que pode agregar valor aí."

Tais frases soam como se estivéssemos nos debruçando sobre nossa questão ou ponto de vista, em vez de nos esquivando dele.

Lição 8: Corte os excessos

Uma das maneiras mais rápidas de ampliar o vocabulário assertivo é eliminar os advérbios (palavras que modificam verbos ou adjetivos). Você deve conhecê-los como as palavras terminadas em "-mente", ou que expressam determinado grau de alguma coisa:

- Só.
- Muito.
- Tão.
- Realmente.
- Basicamente.
- Essencialmente.
- Literalmente.

Não estou afirmando que essas palavras sejam ruins: são perfeitamente aceitáveis em uma conversa casual. No entanto, se desejamos falar com mais assertividade quando o assunto é importante e diante da ideia de que toda palavra pesa, os advérbios podem ser descartados. Compare "Então, basicamente, os advérbios podem realmente diluir suas frases" a "Advérbios diluem suas frases".

Há uma porção de outras expressões capazes de atrapalhar sua assertividade. Veja se algum desses exemplos soa familiar:

- "O que estou dizendo é…" ou "Só estou dizendo que…"
- "Só acho engraçado como…"
- "Sem ofensa, mas…"
- "É só que…"
- "Quero dizer…"
- "Só precisava dizer…"
- "Para ser sincero…"
- "Não leve a mal…"
- "Na verdade eu só…"
- "Só por curiosidade…"
- "Então, andei pensando que talvez…"

Na melhor das hipóteses, essas frases sabotam sua credibilidade e, na pior, são insinceras. Livre-se delas; não há necessidade. Em vez disso, diga tudo após o advérbio que pretende usar.

Lição 9: Na dúvida, recorra à experiência

Muitas vezes, sobretudo no local de trabalho, alguém nos pergunta algo e não sabemos a resposta. Quando isso acontece, temos a oportunidade de usar uma linguagem assertiva. Em vez de ficar como um cervo hipnotizado diante dos faróis, lance mão da sua experiência:

- "Nunca passei por isso antes."
- "Pela minha experiência…"
- "No passado, eu…"
- "Pelo que já vi…"

Recorrer à experiência nos dá uma base mais sólida para responder, mesmo se não temos a resposta imediata. Tenha em mente que não há nada errado em dizer "Não sei". Na verdade, admitir a ignorância é um sinal de sinceridade e humildade que contribui para construir a confiança. Complementar essa admissão com o compromisso de tentar encontrar a resposta ou com a reflexão sobre alguma experiência relevante demonstra nossa dedicação em ajudar. Em vez de simplesmente jogar a toalha, a disposição em recorrer à sua experiência mostra que você é proativo, aproveitando seu conhecimento para se orientar diante das incertezas.

Lição 10: Diga "Estou confiante"

Esta lição é moleza. Inicie suas respostas pela expressão: "Estou confiante." O que dizemos a seguir não faz muita diferença. O interlocutor escuta a palavra "confiante" e associa essa atitude a você.

- Antes: "Acho que minhas habilidades serão um importante recurso para sua empresa."
- Depois: "Estou confiante de que minhas habilidades serão um importante recurso para sua empresa."

- Antes: "Creio que posso ajudar."
- Depois: "Estou confiante de que posso ajudar"

- Antes: "Se eu tiver alguma dúvida, acho que saberei onde procurar."
- Depois: "Se eu tiver alguma dúvida, estou confiante de que saberei onde procurar."

Mais uma vez, pense em sua reação quando as pessoas usam "acho" ou "estou confiante". Em qual delas você mais confia?

Atente-se ao seu tom de voz

Como afirmei no começo deste livro, não é o que dizemos, e sim como dizemos. Se eu lhe disser apenas quais palavras usar, e não como soam, não cumprirei o que prometi. Contudo, como exatamente soa uma pessoa confiante?

É um equilíbrio. Imagino que estou escutando música com fones de ouvido: o som é igual nos dois ouvidos, está equilibrado. Em uma comunicação assertiva, o equilíbrio diz: "Eu respeito você, e eu me respeito." É a diferença entre assertividade e agressividade. Uma comunicação agressiva não se preocupa em respeitar a outra pessoa. Uma comunicação assertiva, sim. O som permanece firme e regular. Deixamos que nossas palavras conduzam a oração, transmitindo tanto convicção quanto expectativa.

O segredo é evitar utilizar uma inflexão interrogativa muito pronunciada ao fim da oração quando tentamos nos expressar com educação: uma entonação ascendente de dúvida, do tipo que usamos ao fazer uma pergunta como "Tem certeza?" (no inglês, corresponde a não abusar do *uptalk*). O som sugere incerteza ou uma expectativa de aprovação, mesmo no caso de frases declarativas.

Para soar mais confiante, encerre suas orações com uma inflexão descendente ou neutra. Imagine que você esteja à mesa do jantar com sua família e peça a alguém para lhe passar o sal. Você não diria "Por favor, você me passaria o sal?", como se não soubesse o que é sal ou duvidasse da capacidade de o passarem a você. Provavelmente você utilizaria um tom neutro, mais para uma afirmação, sem elevar a entonação, mantendo-a uniforme.

O contato olho no olho é outro componente vital[18] da comunicação assertiva. Indica engajamento, sinceridade e confiança. Em uma reunião, ao comunicarmos uma ideia ou feedback, manter um contato visual moderado com os demais demonstra confiança em nossa contribuição, como se afirmássemos: "Acredito no que estou dizendo e estou aqui, presente, com vocês nesta conversa." Evitar o contato visual, em contrapartida, pode passar a impressão de insegurança ou desinteresse, ao passo que contato visual excessivo pode ser percebido como hostilidade.

Se para você é difícil fazer contato visual, aqui está um truque: aguarde para fazer contato visual nas últimas palavras de sua frase; encerre sua fala com o contato visual. Talvez você ache que deveria manter contato visual todo o tempo. Não é verdade. O contato visual prolongado pode passar uma impressão de intensidade demasiada ou, Deus nos livre, sugerir uma atitude um pouco lasciva. Assim, deixe o olho no olho para o fim. Isso não vai fazer sua fala perder a eficácia.

A cadência, ou seja, o ritmo e a velocidade da fala,[19] também importa. Uma cadência assertiva envolve falar com nitidez em um ritmo moderado, permitindo que as palavras sejam compreendidas de maneira plena, sem pressa nem hesitação. Devemos dar o devido peso a cada palavra, demonstrando que refletimos sobre o que dizemos e que temos convicção. Por exemplo, ao propor uma nova estratégia, uma fala muito acelerada sugere nervosismo ou falta de confiança na própria ideia, ao passo que falar devagar demais pode ser interpretado como incerteza.

Juntos, o tom controlado, o contato visual apropriado e a cadência deliberada podem melhorar a efetividade de sua comunicação em níveis significativos. Esses elementos vão fazer sua assertividade não apenas ser ouvida como também sentida e vista. Esteja você pedindo uma promoção, esteja estabelecendo limites ou simplesmente manifestando uma opinião, o modo como apresenta sua mensagem pode ser tão impactante quanto a própria mensagem em si. Esses elementos, combinados a uma linguagem evidente e respeitosa, definem a comunicação assertiva e a tornam uma ferramenta poderosa para o crescimento pessoal e profissional.

Peço que repasse as dez lições deste capítulo o quanto antes. Detenha-se no que lhe causa mais dificuldade. Faça dessa lição seu foco para hoje, amanhã ou para a semana. Comece a utilizar palavras e frases assertivas quando a oportunidade se apresentar em sua próxima conversa ou em uma troca de mensagens pelo celular. Preste atenção em como se sente. Em como os outros reagem. E observe como isso faz você querer se afirmar ainda mais.

O uso de palavras assertivas consolida a autoconfiança. E uma confiança cada vez maior nos leva a falar de maneira mais assertiva com maior frequência. É um ciclo de retroalimentação positivo. Estimule-o. Quando se sentir à vontade usando frases da lição que escolheu, comece a acrescentar frases de outra lição. Não espere até encontrar as palavras certas dois dias depois. Amplie seu vocabulário de assertividade para que saiba o que dizer no momento exato.

RESUMO DO CAPÍTULO

- A autoconfiança é um sentimento, não algo que possamos invocar.

- A confiança vem da assertividade; juntas, elas criam um ciclo de retroalimentação positivo. Quanto mais assertivos somos, mais confiantes nos sentimos, e quanto mais confiantes nos sentimos, mais assertivos ficamos.

- A escolha de palavras é importante. Em geral, quanto menos palavras empregamos, mais confiantes soamos. Elimine as justificativas desnecessárias e os marcadores discursivos para aumentar a força de suas frases.

- Quando dá vazão a sua voz assertiva, você se capacita a expressar suas necessidades com confiança.

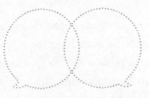

CAPÍTULO 8
Pessoas difíceis

Não há nada pior do que litígios familiares. Em segundo lugar, por muito pouco, ficam as disputas legais entre amigos.

As pessoas que acolhemos em nossa vida sabem muito a nosso respeito: o que nos alegra e o que nos aborrece. Quando um relacionamento íntimo vai por água abaixo, o pior tipo de conflito pode irromper, despertando o que há de mais desagradável em cada um. Às vezes, as pessoas mais complicadas são os parentes ou velhos amigos, o que torna as conversas difíceis ainda mais desafiadoras. Talvez você saiba do que estou falando.

Certa vez, tive um caso que envolvia duas irmãs de meia-idade. E foi tão divertido quanto você deve estar imaginando.

Minha cliente queria manter o bem-sucedido negócio que ambas haviam herdado. A irmã dela queria vendê-lo e dividir os lucros, com a alegação de ter, digamos simplesmente, objetivos de vida diferentes. Elas precisavam dar um basta à questão que se tornara uma fonte de conflito constante entre as duas. A ideia era minha cliente comprar a participação da irmã.

A despeito das inúmeras tentativas de negociação, a generosidade e a paciência da minha cliente costumavam ser recebidas com teimosia e, às vezes, total hostilidade. A irmã insistia em pintá-la como a vilã da história. Quando minha cliente propunha soluções razoáveis, a irmã encontrava uma maneira de deturpar as palavras dela e recorria a comentários ofensivos e insultos que evocavam antigas mágoas de infância. Coisas que ela sabia que a magoariam.

— Até quando vou continuar bancando a boazinha? — perguntou minha cliente durante uma ligação.

— Você é uma boa pessoa — falei. — Isso não quer dizer que está sendo fraca. Também não significa que precisa dar o troco. É só não deixar que ela faça você de gato e sapato.

Percebendo que tentara de tudo para o processo ser tão pacífico e respeitoso quanto o pai e a mãe desejariam, minha cliente chegou ao limite. Suas tentativas de reconciliação não estavam dando certo. Ela precisava de uma estratégia diferente. Por meio das lições expostas neste capítulo, minha cliente passou a defender seu ponto de vista nas conversas seguintes que teve com a irmã. Ela começou a encontrar a própria voz.

As duas concordaram em realizar uma reunião presencial (incluindo a presença de advogados) para tentar resolver as divergências de uma vez por todas. Minha cliente chegou muito nervosa, mas notei uma autoconfiança renovada em sua voz. A conversa até começou bem, mas não tardou até a irmã dramatizar ainda mais a coisa toda. A certa altura, ela fez um comentário que caiu como uma bomba:

— E eu nunca gostei de você. Aliás, pra mim você morreu.

Minha cliente ficou em silêncio. Eu sabia, por nossas inúmeras conversas, que as palavras da irmã a machucavam muito. Após se valer de uma longa pausa, ela enfim falou:

— Quero que repita isso.

Sua irmã pareceu indecisa. Não era a reação que esperava. Ela pareceu prestes a repetir o que dissera, mas não conseguiu.

— Eu... não vou repetir — disse, quase em choque.

— Então também não vou querer que esta situação se repita — afirmou minha cliente com firmeza. — Pra mim, chega dessa montanha-russa. Se você pensa da mesma forma, fale agora. E eu sempre amei você.

A outra foi às lágrimas e pediu um tempo para confabular a sós com seu advogado. Minutos depois, as irmãs chegaram a um acordo.

Em geral, o conselho para momentos difíceis como esse é de que precisamos mostrar empatia e tentar chegar a um denominador comum. Acho isso correto e louvável. No entanto, às vezes, não é prático. O que fazer quando nossa compaixão parece ter se esgotado? Como se comunicar quando se acredita que há alguém explorando ou tirando proveito da nossa empatia?

A hora da verdade

Valer-se apenas de gentileza nem sempre funciona. Por mais que tenhamos paciência para darmos explicações detalhadas, não faz diferença. A outra pessoa parece determinada a não entender. Quando algo assim acontece, ficamos tentados a tomar uma das seguintes ações: pisar em ovos, sempre ajustando nossas palavras e ações para evitar o conflito a todo custo e sacrificando nossa autenticidade e paz de espírito; ou elevar o tom para fazer frente equilibrada à energia negativa alheia.

Espero que você não faça nem uma coisa, nem outra. Há uma terceira opção. Ela envolve utilizar sua recém-conquistada voz assertiva para desenvolver respostas que não abram margem para interpretações equivocadas, que tenham toda a ousadia da agressividade sem nada do desrespeito.

Quando chega a hora da verdade precisamos nos defender e expressar nossa desaprovação. Sim, você ainda vai demonstrar integridade. Sim, ainda vai demonstrar respeito. Contudo, sua reação deve evidenciar seu respeito próprio a ponto de você manifestar o que considera inaceitável.

A primeira coisa a se ter em mente nessa situação é o momento certo para fazer isso, pois não é qualquer um que merece seu esforço. Trata-se de cultivar a mentalidade de alguém que tem ciência do próprio valor. Nem todo mundo vale sua paz de espírito. É preciso que saiba e tome a decisão consciente de avaliar o que certas pessoas significam para você.

Discordar de maneira assertiva e defender seu ponto de vista são tanto uma arte quanto uma habilidade. Eis algumas ferramentas avançadas que você vai precisar da próxima vez que alguém passar dos limites:

Como se defender de insultos, menosprezo e grosseria

Ao escutar palavras rudes ou ofensivas, perceba que a outra pessoa quer algo de você: é a dopamina falando, o "hormônio do bem-estar"[20] que nos proporciona motivação e a sensação de recompensa. Essa busca por dopamina não está ligada a nós, individualmente. Em geral, é um reflexo das inseguranças da pessoa. Diminuir os outros pode levar o fraco a se sentir poderoso, o ignorado a se sentir visto, o invejoso a sentir que obteve algum ganho. Eles adquirem sua dopamina ao se tornarem o centro das atenções, ou ao terem a sensação de controle causada por nossa reação negativa.

Isso também os distrai das próprias vulnerabilidades ao lhes permitir focar nossos pontos fracos, reais ou imaginados, da mesma forma como às vezes nos pegamos julgando os outros. A outra pessoa se sente menos insegura, nem que apenas por um instante, ao perceber que consegue contribuir também para suas inseguranças. Ela se sente menos incomodada sabendo que você está incomodado. É um ciclo em que o êxtase temporário que a pessoa experimenta vem à custa da sua autoconfiança.

O segredo é encarar esse tipo de comentário como ele de fato é: uma tentativa de provocar uma reação no interlocutor.

Lembre-se: não tem a ver com você, e sim com a necessidade de obter alguma reação.

Assim, quando alguém diz algo para adquirir um pico de dopamina, a pior coisa que podemos fazer é lhe dar isso. É por isso que não daremos.

Quando alguém nos insulta ou ofende

- "Você é um babaca."
- "Você é um fracassado."
- "Você é horroroso."

Tanto no caso de xingamentos quanto no de ataques pessoais a seu caráter, sua aparência, capacidade ou identidade, a intenção de tais comentários é magoar. Eles podem ser dirigidos à sua idade, raça, etnia, seu gênero ou sua origem social. A ideia é colocar o dedo na ferida, e muitas vezes esses comentários são dolorosos por serem diretos.

Sei que após ouvir um insulto nossa primeira reação é devolver na mesma moeda. "Ah, se eu sou babaca, então você é um..." Entretanto, isso só serve para agravar o problema. Você talvez se convença de que está tudo bem, mas agora é você quem está atrás de dopamina. A troca de ofensas vai continuar até que um dos dois desista para tentar sair por cima e conquistar uma "vitória" momentânea.

Não vale a pena. Sua dignidade não merece que você se rebaixe a tanto.

Se for insultado ou ofendido por alguém, tente o seguinte:

1. Faça uma longa pausa

A pausa prolongada cria uma oportunidade para que as palavras da pessoa ecoem de volta aos seus ouvidos. Também permite que se assentem antes de chegar até nós, como exposto no Capítulo 11, o que nos impede de ficar na defensiva. Isso faz o outro repensar o que diz e questionar se pretende manter ou voltar atrás. Lembre-se: a pausa constrangedora vai fazer a outra pessoa se sentir envergonhada, e o objetivo é esse mesmo. E, sobretudo, o silêncio nega a ela a dopamina.

2. Repita o que ela disse, mas devagar

Muitas vezes, o silêncio é tudo o que precisamos oferecer. Se a outra pessoa exigir uma resposta, repita muito devagar o que ela acabou de dizer. Agora você é o eco. Cabe a você ter certeza de que ela ouviu de volta cada palavra que pronunciou.

3. Inspire, expire

Repetir as palavras de alguém pode gerar um bate-boca ou jogar mais lenha na fogueira. Concentre-se em sua respiração. Nesse momento, é preciso recorrer ao controle respiratório para assegurar que seu corpo não fique tenso e que seu raciocínio continue nítido. Se entramos em um estado de respiração superficial, há um risco maior de demonstrarmos emoção ou raiva e isso vai fazer você perder o domínio da situação. Se necessário, estabeleça um limite, como será exposto no próximo capítulo.

Quando você é tratado com desdém, condescendência ou superioridade

- "Deixe-me dizer isso de um modo que você compreenda."
- "Nossa, finalmente você perdeu peso. Fez bem."
- "Que gracinha você achar que fez a coisa certa."

O objetivo desses comentários é tentar depreciar nossos esforços, nossa inteligência ou nosso status. A pessoa assume um ar condescendente e explica o que já sabemos. Ao contrário de insultos mais evidentes, os desse tipo costumam ser indiretos. Em geral passam uma sensação de elogio fingido ou amizade falsa que é reforçada por uma ofensa que tem a intenção de diminuir nossa importância.

Se você for tratado de alguma dessas maneiras, tente seguir estas etapas:

1. Peça à pessoa que repita o que disse

Basta isto: pedir que repitam o que disseram. Quando fazemos isso, acabamos com a brincadeira (também conhecida como dopamina). É um banho de água fria. Além do mais, nossa reação pega a pessoa de surpresa. Quem faz comentários depreciativos espera que o holofote fique em cima de você. Contudo, quando pedimos que repita o que disse, o holofote volta a ela, que se sente constrangida. O resultado costuma ser um breve "Deixa pra lá" ou "Hã, o que eu quis dizer..." conforme tenta reajustar sua resposta. Pode ser algo tão simples como:

- "Preciso que repita isso."
- "Vou pedir a você que diga isso outra vez."
- "Não entendi tudo. Pode repetir?"

2. Questione o que ela esperava

Independentemente de a pessoa ter coragem de repetir o comentário, você vai responder com uma pergunta de enfrentamento, visando destacar e exteriorizar a reação que ela tentou despertar. Mais uma vez, você vai fazer eco ao que ela precisa ouvir:

- "A intenção disso foi me magoar?"
- "Está tentando me constranger?"
- "Isso foi para me depreciar?"
- "Gostou de dizer isso em voz alta?"

3. Responda com o silêncio

Sua resposta deve ser o silêncio, não importa o que a pessoa diga. Não falar mais nada é a melhor resposta. É muito provável que ela dê uma desculpa esfarrapada, que diga que não falou sério ou que comece a gaguejar e se afastar. Deixe que o mau comportamento dela permaneça evidente enquanto seu silêncio demonstra como você é o lado controlado e calmo.

Se a pessoa é grosseira ou desdenhosa

- "Ah, você ainda não terminou de falar?"
- "Ninguém perguntou a você."
- "Só de te escutar já me sinto mais burro."

Esses costumam ser os comentários mais comuns, declarações gerais que contrariam as normas sociais e demonstram falta de respeito. Podem ser diretos ou indiretos, e são agressivos. O objetivo deles é invalidar suas ideias ou crenças.

Se alguém for mal-educado com você ou ridicularizar suas opiniões, tente cumprir estes passos:

1. Faça uma breve pausa

Pare apenas o suficiente para pensar no que a pessoa disse. Agora você está usando o silêncio como uma balança e pesando as palavras dela para decidir se merecem seu tempo e esforço.

2. Questione o que ela pretendia

Essa etapa é similar às questões de enfrentamento acima, mas o foco é o que move a pessoa, buscando destacar o som de suas palavras e sondando sua intencionalidade. Perguntas como:

- "Era para isso soar como uma grosseria?" (ou ofensa, ou menosprezo)
- "Você quis mesmo parecer ríspido desse jeito?"
- "Aonde quer chegar com isso?"
- "Como esperava que eu reagisse?"
- "Sua pretensão era ajudar ou magoar?"

3. Aguarde

Na grande maioria das vezes, as pessoas vão tentar se explicar ou se desculpar e reformular seus comentários como: "Ai, meu Deus, de jeito nenhum, o que eu quis dizer foi...", ou algo nessa linha. Se isso acontecer, parabéns, você evitou levar as coisas para o lado pessoal e é possível que tenha impedido que o relacionamento azedasse.

Contudo, se perceber que a outra pessoa estava mal-intencionada, deixe para lá. Responda com o silêncio e se afaste.

Essa fórmula não funciona apenas para conversas; funciona também para a comunicação escrita. Um breve e-mail ou uma mensagem dizendo "Você quis mesmo parecer grosseiro desse jeito?" pode sanar as interações mais desastradas e impulsivas.

Como reagir a uma desculpa esfarrapada

A pessoa sabe tanto quanto você que pisou na bola. E, mesmo assim evita se retratar com sinceridade.

Fazer alguém se desculpar por algo que disse para magoá-lo pode ser extremamente frustrante e agravar a situação, como jogar sal na ferida. Quando uma pessoa se recusa a pedir desculpas, pode soar como se estivesse invalidando seus sentimentos ou sua experiência. Isso aprofunda o rompimento, uma vez que a falta de uma retratação genuína faz com que sua mágoa não seja reconhecida e a reconciliação se torne mais distante. Com a protelação do processo de cura, a confiança e o respeito começam a desmoronar.

Recusar-se a oferecer um pedido de desculpas e dizer algo que apenas se pareça com um dá quase no mesmo. Se há alguma diferença, é que a segunda opção é ainda pior, pois a pessoa sabe exatamente o que se espera, mas se nega a conceder. Ela sabe que é algo que deveria e poderia fazer. Entretanto, não o faz. Isso se deve ao medo de estar errada. Admitir falhas ou culpa pode ser um golpe no ego. É algo que nos força a confrontar nossos defeitos. Muita gente sente dificuldade em assumir erros e se desculpar.

Tenho certeza de que você também já passou por isso. São ocasiões em que não se mostrou disposto a voltar atrás — "Me desculpar por quê? Não fiz nada errado!" Compreenda que, se você dá valor à presença de alguém em sua vida, e esse alguém está magoado de verdade, negar um pedido de desculpas vai corroer a relação. E, falando sério, o que custa para você pedir desculpas? Qual é a dificuldade de se retratar, ainda que não concorde de todo com a pessoa?

Não estou me referindo a quem banca a vítima para nos manipular e nos compelir a pedir desculpas. Há outras estratégias para lidar com isso. Estou me referindo às conversas do dia a dia que magoam nossos sentimentos. Tudo bem dizer: "Não estou preparado para me desculpar no momento. Estou nervoso demais e preciso me acalmar primeiro." Isso é comunicação. Isso é real. No entanto, se negar a se retratar por não acreditar que a pessoa mereça esse pedido de desculpas é agir como o juiz e o júri.

Ninguém pode lhe dizer como se sentir ou o que sentir.

É como alguém dar um soco em seu braço e afirmar que não doeu. Não cabe ao outro decidir isso. E, embora não haja nada que possamos fazer para obrigar alguém a pedir desculpas, podemos nos defender e deixar explícito que não aceitaremos mais desculpas esfarrapadas que não servem de nada.

Há uma variedade infinita de desculpas esfarrapadas, mas algumas são mais comuns do que outras. A seguir, algumas que é provável que você vá ouvir e, sem dúvida, já ouviu antes.

Retratação sem empatia

- Soa assim: "Bem, lamento que se sinta desse jeito."
- Sua resposta: "Não peça desculpas pelos meus sentimentos. Peça desculpas pelo que fez."

Esse pedido de desculpas é fugir da responsabilidade. Em vez de lidar com a própria atitude inadequada, a pessoa muda o foco para a sua reação. A resposta coloca o foco da conversa no lugar a que ele pertence: nas ações da outra pessoa. Você está transmitindo o seguinte recado: "Dos meus sentimentos cuido eu. Cuide dos seus." Está frisando o fato de que alguém lamentar o modo como você se sente não é o mesmo que se desculpar pelo que fez. Não cabe à pessoa pedir desculpas por como você se sente. O papel dela é reconhecer o comportamento que provocou tais sentimentos.

Retratação sem se retratar

- Soa assim: "Lamento se fiz algo errado", ou "Lamento se o deixei chateado."
- Sua resposta: "Ponha um 'que' no lugar do 'se', por favor."

Ao inserir "se" no pedido de desculpas, a pessoa faz a retratação parecer condicional e incerta, como se ainda houvesse margem para dúvida. Sua resposta diz a ela para remover esse elemento condicional da linguagem. Ao pedir que troque o "se" pelo "que", você a faz assumir a responsabilidade por suas atitudes de modo mais direto. Isso faz de um pedido de desculpas hipotético uma genuína admissão de ofensa. "Lamento que eu tenha deixado você chateado" é mais sincero e significativo.

Retratação explicativa

- Soa assim: "Desculpe, tá? É que ando muito estressado ultimamente."
- Sua resposta: "Não preciso que me peça desculpas por seu estresse. Preciso que se desculpe pelo que disse."

Essa retratação desvia a responsabilidade pelo comportamento da outra pessoa para o ambiente externo, como o trabalho, os filhos, o estresse etc. Contudo, perceba que tudo isso são coisas acontecendo com ela. Não com você. E não é você que deveria pagar o preço.

A resposta retira o poder dessa justificativa. Não foi o estresse dela que proferiu insultos. Não foi o trabalho dela que o deixou chateado. Redirecione a responsabilidade pela situação para seu lugar de direito.

Retratação tóxica

- Soa como: "Lamento ser uma pessoa tão horrível", ou "Me desculpe por você ser tão perfeito."
- Sua resposta: "Estou disposto a aceitar um pedido de desculpas."

Esse pedido de desculpas não apenas é tóxico como também é manipulativo. E a pessoa está torcendo para você morder a isca. Eis um exemplo de como ela espera que as coisas aconteçam:

SUA MÃE: "Desculpe por eu ser uma mãe tão ruim."

VOCÊ: "Você não é uma mãe ruim, só precisa entender que..."

SUA MÃE: "Sou, sim, sou horrível. É isso que você pensa. Você vive tentando..."

E a pessoa segue nessa toada, evitando cada vez mais a mágoa que causou. Esse tipo de retratação põe a outra pessoa no papel de vítima, em uma tentativa de conquistar sua compaixão e fazer de você o responsável por confortá-la. A resposta prova que você não caiu na armadilha. Ela é neutra e ponderada e reitera o que você está disposto ou não a tolerar. Se ela tentar voltar ao mesmo tom, simplesmente repita: "Estou disposto a aceitar um pedido de desculpas."

Retratação com justificativas

- Soa assim: "Foi só uma piada", "Era brincadeira", ou "Estava só mexendo com você."
- Sua resposta: "Não teve a menor graça", "Mas eu levei a sério", ou "Não estou para brincadeira."

Pedidos de desculpas como esses são uma tentativa velada de minimizar o impacto das próprias ações, em que a pessoa insinua que não devemos levar ao pé da letra o que ela disse. Isso sabota a validação dos seus sentimentos e dá a entender que o problema está em você — sua falta de senso de humor, seus pudores, sua reação exagerada. A resposta anula essa tática e deixa nítido que o humor não justifica esse dissabor.

O fim das interrupções

Nem toda interrupção é ruim. Às vezes, a pessoa apenas está empolgada com algo. Não conseguiu se conter. Interrupções são comuns e até esperadas em conversas descontraídas com amigos e outras interações informais. Não há problema nisso. Contudo, quando tentamos ter uma conversa séria, um tête-à-tête ou uma reunião com implicações para todos na empresa, uma interrupção pode ser irritante.

Vejamos como pôr um fim nisso:

Passo 1: permita que o outro o interrompa

Quando alguém o interromper pela primeira vez, deixe.

Isso mesmo, pode deixar.

Entretanto, só faça isso na primeira vez.

Permitir-se ser interrompido uma vez tem duas finalidades:

1. A interrupção o coloca moralmente em vantagem como o lado mais maduro e razoável, o menos impulsivo e o mais ponderado. Um corte rápido demais, dizendo "Hã, com licença, ainda não terminei de falar", pode soar ríspido, fazendo você parecer rancoroso ou inseguro. Lembre-se de que alguém confiante sabe escolher o momento apropriado. A outra pessoa não tirou nada de você. Pelo contrário, a interrupção deixou uma má impressão para ela. Não desvie dela esse foco negativo para apontá-lo para si mesmo.

2. A interrupção permite que as pessoas se manifestem de maneira impulsiva. Nessa etapa as falas são motivadas sobretudo pelas emoções. Trata-se de uma reação automática. Se alguém não consegue se segurar e tem de dizer o que pensa de imediato, essa pessoa de qualquer forma não escutaria o que você tem a compartilhar. Não dá para pôr mais água em um copo que já está cheio. Então, deixe que ela transborde.

Assim que a outra pessoa terminar o que tinha a dizer, volte ao ponto exato em que parou. Ignore os comentários. Não se deixe levar pela digressão. Retome o início de sua frase. Isso sinaliza à outra pessoa que você ainda não tinha terminado de falar e sua credibilidade não fica comprometida, demonstrando que você está determinado a completar o seu raciocínio.

Passo 2: Dirija-se à pessoa pelo nome

Para cortar a interrupção, chame a pessoa pelo nome. Isso sempre capta a atenção. Se retrucar com um "Ei!" ou "Escute aqui!", ela vai ficar na defensiva e emburrada. No entanto, se disser o nome dela, mesmo em um tom severo ou duro, a tendência é que ela se mostre mais receptiva.

Tratar a pessoa pelo nome também é um modo eficaz de podar alguém que está dominando a conversa ou falando por cima dos demais. Enuncie o nome dela em um tom de voz normal. Se isso não bastar, repita, um pouco mais alto.

Passo 3: Corrija o comportamento da pessoa

Nessa etapa você vai afirmar sua posição com respostas centradas em si mesmo, e não na outra pessoa (compare "Você está me interrompendo" a "Não me interrompa!"). Responda de maneira calma e controlada dizendo algo como:

- "Não consigo escutar com você me interrompendo."
- "Quando eu terminar de falar, escuto você."
- "Quero escutar o que tem a dizer, mas preciso terminar meu raciocínio primeiro."

Essas respostas dão certo porque são diretas e porque, para que a outra pessoa discorde, ela terá que se expor. Interromper mais uma vez evidenciaria seu comportamento inadequado como uma gritante violação de respeito. Significaria que não está interessada em ser ouvida, o que por sua vez significa que não está de fato interessada na conversa, apenas em escutar o som da própria voz. Dificilmente alguém está disposto a ficar com uma imagem tão negativa.

Em geral, após seguirmos esses passos, não há mais interrupção. Ao permitir que alguém o interrompa apenas uma vez, ao dizer o nome dela e defender sua posição, você criou uma dinâmica de poder a seu favor sem perder credibilidade.

Eis como seria essa conversa entre você e Alex, um colega de trabalho:

> **VOCÊ:** "O principal problema com esse cronograma do projeto é que..."

> **ALEX:** "Olha, a gente sempre deu um jeito, não foi? Com ou sem cronograma. Quero dizer, se dependesse de mim, a gente já estaria tocando esse negócio sem necessidade do aval da gerência..."

Você permanece em silêncio e deixa que Alex termine, controlando a respiração para manter uma postura distinta.

> **ALEX:** "... e compreendo que você e eu nem sempre estamos na mesma sintonia, mas sei que minha contribuição agrega valor."

> **VOCÊ:** "O principal problema com esse cronograma do projeto é que ele não levou em consideração as novas aprovações de orçamento, o que pode atrasar o..."

> **ALEX:** "Não vai. Já vi isso antes, tá? Tem esse..."

> **VOCÊ:** "Alex."

Alex emudece.

> **VOCÊ:** "Não consigo escutar com você me interrompendo. Deixe-me terminar."

Alex assente e admite que é sua vez de falar.

Esse método mantém a relação respeitosa. Contudo, imagine em vez disso que na primeira interrupção você exclamasse, irritado: "Não vê que estou falando?!" A dinâmica do poder se volta contra você, já que agora é você quem parece mais emotivo e carente. Outras frases sarcásticas como "O meio da minha frase interrompeu o começo da sua?" podem parecer espirituosas, mas servem apenas para fazer as pessoas perderem o respeito por nós e ficarem menos dispostas a nos escutar. O uso de nossa voz assertiva para cortar as interrupções conserva o respeito mediante respostas equilibradas.

Um modo melhor de discordar

Um uso importante da linguagem assertiva é expressar desacordo. Para defender nossos pontos de vista, precisamos recorrer também a isso. Entretanto, o que e como dizemos ao discordamos de algo pode fazer toda a diferença entre soar assertivo ou inseguro. Discordar categoricamente é fácil (pense em: "De jeito nenhum!", ou "Errado!"). É bem mais difícil discordar de maneira efetiva.

Saber lidar com as desavenças remete a um tema central deste livro: muitas vezes, temos mais a perder do que a ganhar ao vencer uma discussão. Podemos discordar da perspectiva de outras pessoas sem tentar sair por cima ou usar algum trunfo. Mostrar discordância significa defender sua opinião; mas impor sua discordância a despeito da opinião dos outros significa passar por cima deles.

Eis algumas técnicas avançadas para melhorar sua capacidade de manifestar objeção sem ceder — nem tomar — terreno. Da próxima vez que precisar discordar de algo, tente o seguinte:

Empregue o filtro *Será que vale a pena?*

Às vezes, parece que o outro está atrás de confusão. Como se tentasse arrastá-lo para o meio de um redemoinho que vai distorcer o que você disser e arremessar tudo de volta para levá-lo a concordar. Talvez seja uma conversa sobre política, ou sobre religião, ou ainda sobre como as toalhas deveriam ser dobradas (certo, brincadeira, aí já seria demais). A questão é: não permita que o coloquem contra a parede ou como se estivesse dando cabeçadas em uma.

Antes que a coisa chegue longe demais, utilize de imediato o filtro "Será que vale a pena?" e indague se a pessoa espera que cheguem a um acordo.

Por exemplo:

SUA CARA-METADE: "Estou pensando em trocar de sabão em pó e usar essa marca que vi em uma propaganda. O que acha?"

VOCÊ: "Prefiro não trocar. Eu gosto do que a gente usa."

SUA CARA-METADE: "Mas esse outro é mais ecológico. É melhor pro meio ambiente."

VOCÊ: "Eu sei, é só que não tenho certeza de que limpa tão bem quanto o que a gente usa."

SUA CARA-METADE: "Por que você nunca concorda com nada a menos que a ideia parta de você?"

VOCÊ: "Precisamos concordar nisso?"

SUA CARA-METADE: "Não. Acho que você tem razão."

Logo de cara a pergunta força a outra pessoa a avaliar a prioridade da conversa. Essa técnica é especialmente boa para o que envolve 99% das discussões — nada. Use o filtro "Será que vale a pena?" se você discordar de alguém por questões triviais ou conversas sobre coisas que talvez jamais se concretizem.

É lógico que a pessoa espera que concordemos com ela. No entanto, precisamos? Em geral, a resposta é não.

Se por algum motivo for sim, recorra ao filtro seguinte: "Temos que concordar nisso?" Por exemplo:

VOCÊ: "Precisamos concordar sobre esse assunto?"

SUA CARA-METADE: "Hum, é, acho que a gente deveria."

VOCÊ: "E precisamos chegar a um acordo neste minuto?"

SUA CARA-METADE: "Ah, não, imagino que não. A gente pode experimentar primeiro e depois decidir."

Esse questionamento obriga a outra pessoa a avaliar o momento da conversa. Em relacionamentos íntimos é comum haver discussões sobre coisas que jamais vão acontecer. É uma conversa sobre "e se...". Ao indagar se um acordo imediato é necessário, introduzimos a possibilidade de adiar a decisão para quando houver mais informações disponíveis, ou até que ambos estejam mais preparados para lidar com o assunto. Pedir para deixar para depois é uma forma rápida de apaziguar as discordâncias, trazendo a conversa de volta ao que de fato importa no momento.

Ofereça sua perspectiva

Em muitos contextos, responder apenas "Discordo!" soa seco demais. Afirmar simplesmente que não concorda pode colocar você em um bate-boca argumentativo desnecessário, que pode fazer a situação se tornar ainda pior. Isso porque enquanto você diz "Discordo" a outra pessoa escuta "Você está enganada" — o que por sua vez talvez acione os gatilhos psicológicos de avaliação social ou a competência dela.

Bem, há momentos em que a pessoa está de fato redondamente enganada, como se, por exemplo, estivesse tentando convencê-lo de que o céu é verde. Não é disso que estou falando. Meu argumento é que "Discordo", embora direto (muito bom), pode criar mais problemas para você por fazer a outra pessoa se sentir rejeitada e adotar uma postura defensiva (nada bom). Mesmo que você diga, "Com todo respeito, discordo", isso não é nem um pouco respeitoso — e a pessoa percebe.

Em vez disso, opte por frases que indiquem uma opinião, e não um veredicto. Isto é, mostre o ponto de vista de sua perspectiva particular, em vez de descartar categoricamente o que a outra pessoa disse. Essa estratégia abre espaço para o diálogo em vez do confronto. Para comunicar sua perspectiva de maneira efetiva, tente uma das três frases:

1. "Eu vejo de forma diferente."

Quando formulamos nossa resposta como uma diferença de ponto de vista, é como se convidássemos a pessoa a encarar a questão por nossa percepção. Estamos propondo uma ampliação de cenário. Observe a diferença entre "Você está enganada" e "Da minha perspectiva, eu vejo de forma diferente". A ideia de encarar por outra perspectiva faz sua resposta ter mais a ver com compartilhar percepções do que com discutir fatos. Essa resposta é útil quando:

- a pessoa quer propor uma solução padronizada;
- precisamos apresentar uma perspectiva mais nuançada ou dar mais contexto;
- a pessoa ignora aspectos aos quais damos maior ou menor importância.

2. "Eu adotaria outra abordagem."

Essa resposta indica que, embora a abordagem seja diferente, o objetivo é o mesmo. Vocês querem alcançar os mesmos resultados, apenas têm métodos diferentes de mostrar seu trabalho. Há a rota mais direta e a rota panorâmica. Cada uma tem seus prós. Ambas nos conduzem ao lugar que queremos. A vantagem dessa resposta é que ela foca o olhar de ambos no objetivo final. Enfatiza a colaboração, e não o conflito. Ambos querem o melhor para sua família, sua empresa, seu país etc. É só a abordagem a respeito do assunto que é diferente. Essa resposta é efetiva quando:

- vocês discordam sobre o que é "melhor" para um objetivo comum;
- o método ou o plano de ação de terceiros desconsidera alguns fatores;
- as outras pessoas têm uma ideia fixa de como realizar uma tarefa.

3. "Eu tendo a pensar o contrário."

Alicerçar o que diz em sua história e experiência faz você obter um ponto de apoio para expressar sua opinião. Em vez de contestar a outra pessoa, dizendo "Discordo", com a resposta acima você estará fundamentado no que costuma fazer, em quais são suas preferências, como tende a pensar. Discutir sobre um método de predileção evita que vocês enveredem para o confronto. Você conta o que normalmente faria e as pessoas se tornam mais dispostas a aceitar isso do que uma reação abrupta, que é como uma porta batida em sua cara. Essa resposta é útil quando:

- a posição da pessoa está em conflito com seus valores;
- você precisa mostrar que tem experiência no assunto;
- ambos chegam a conclusões diferentes com base nas mesmas evidências.

Saber discordar do modo certo faz de você a parte mais calma e controlada na discussão. Frases como as sugeridas anteriormente ajudam o diálogo a continuar, e não a acabar. No entanto, e se a pessoa for insistente e pressionar? Simplesmente repita a frase quantas vezes for necessário. Ela vai entender o recado: você não arreda o pé das suas convicções.

Ao ser confrontado, não entre no jogo da pessoa. Recuse-se a permitir que desculpas esfarrapadas, interrupções frequentes e convites a discussões abalem sua confiança. Quando mostramos firmeza, falamos de maneira assertiva e negamos a uma pessoa difícil a dopamina que ela está procurando, fincamos nossa bandeira no terreno moral mais elevado.

RESUMO DO CAPÍTULO

- Defender suas posições e expressar suas opiniões é uma forma de autoestima.

- O segredo para responder a comentários maldosos ou ofensivos é se recusar a dar à pessoa a dopamina que ela está procurando.

- Evite a recompensa imediata de um pico de dopamina utilizando estratégias para protelar sua resposta, como fazer uma longa pausa, repetir vagarosamente as palavras ditas pela pessoa ou fazer uma pergunta de intencionalidade.

- Seja firme contra desculpas esfarrapadas, interrupções e tentativas de geração de discórdia expondo o comportamento e se valendo frase concisas, assertivas.

- Quando nos recusamos a descer ao nível de comunicação com o qual a pessoa está habituada, preservamos nossas mais elevadas convicções e nossa credibilidade.

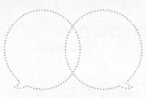

CAPÍTULO 9
Limites

Não precisamos de uma história exemplar para ilustrar isto: é difícil dizer não.

Quando somos mais jovens, não temos problema em dizer não. Contudo, em algum momento ao longo do caminho, à medida que amadurecemos, percebemos que isso cobra um preço. Dizer não à pressão de nossos pares nos fazia sentir excluídos. Dizer não às figuras parentais de nossa vida ou aos nossos professores nos levava a ser punidos ou disciplinados. Dizer não a determinadas atividades nos fazia sentir como se houvesse algo errado conosco ou que não éramos aceitos.

Desse modo, cedíamos, concordávamos, tentávamos agradar em nome da paz de espírito de todo mundo — menos da nossa. Colocávamos o conforto e o desejo alheios na frente do nosso bem-estar, muitas vezes em detrimento do que de fato queríamos. Com o tempo, isso virava um padrão repetitivo de compromisso excessivo, estresse e ressentimento.

Aprender a dizer não vai além de reivindicar autonomia para tomar decisões que não atentem contra nossas necessidades: significa redescobrir a liberdade da infância de fazer escolhas sem medo.

Podemos reaprender que é válido priorizar nosso bem-estar, dizer o que precisamos de modo tanto a conservar o autorrespeito quanto a respeitar o mundo que nos cerca. E você vai constatar que fazer isso lhe trará mais saúde e felicidade, bem como uma existência mais autêntica.

Vamos dar um passo de cada vez. Venha comigo.

Ding!

No canto da tela de seu computador, no escritório, surge a notificação de uma mensagem de um colega:

"Ei! Que tal a gente dar um pulinho amanhã naquele café novo que abriu? Preciso de cafeína rs."

Argh.

Sua primeira reação é recusar. Não é que você não goste do sujeito. Na verdade, não há problema algum com ele; mas você o vê mais como um colega de trabalho, e não como um amigo. Alguém que cumprimenta no corredor e só. E você não está lá muito disposto a ficar uma hora de papo furado quando tem tanta coisa para resolver.

Nesse caso há três opções:

a. Aceitar
b. Recusar
c. Ignorar

Nós dois sabemos perfeitamente que sua tendência é escolher a alternativa C. Na verdade, aposto que você já ignorou a mensagem e minimizou a janela.

Sim, ignorar funciona, mas pelos motivos errados. Dispomos de quantidade limitada desse recurso antes que a outra pessoa se dê conta de que está sendo evitada. Quando atingirmos esse limite, ela chegará às próprias conclusões sobre a razão de ser esnobado, e pode ter certeza de que o provável é que sejam bem piores do que a verdadeira explicação. Além disso, é a saída mais fácil. Lógico que você poderia esperar até o dia seguinte, quando cruzasse com o colega no escritório, ou então responder "Ah, desculpa! Nem vi a mensagem! Droga. Teria sido uma boa". Convenhamos. Quantas vezes podemos fazer isso? Como tal comportamento demonstra respeito pelo colega ou, aliás, respeito próprio?

Eis mais um motivo para dissuadi-lo dessa opção: sua decisão continua a tomar seu espaço mental, alugando sua cabeça sem pagar por isso. Sempre que olhar para essa mensagem não respondida, sempre que a lembrança voltar à sua mente, haverá o peso (por mais ínfimo que seja) de um assunto não resolvido. As coisas não desaparecem só porque as ignoramos. Isso serve apenas para protelarmos a decisão, e mais adiante, a conversa com certeza será retomada. O colega vai acabar perguntando quando você estará disponível, e você vai se encontrar outra vez na mesma saia justa. Mais tempo desperdiçado, mais estresse desnecessário.

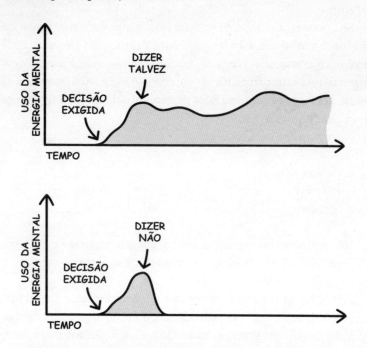

Quando o convidam para algo que você não quer aceitar —jantar com um casal de quem você não é muito chegado; sair quando prefere ficar em casa; uma viagem que não está muito a fim de fazer —, você não está negociando com a outra pessoa.

Está negociando consigo.

Sua paz de espírito não é negociável. Nem mesmo para você. Nossa autoconfiança depende de não sermos obrigados a aceitar certas coisas que não queremos.

Como você responderia negativamente à mensagem do colega? Presumo que esteja pensando em algo nesta linha: "Oi, obrigado pelo convite, mas não posso. Estou cheio de trabalho. É uma pena!"

Você se sente bem dando uma resposta dessas? Acredita que está sendo sincero? Fica à vontade? É provável que não.

Aqui vai uma sugestão para resolver isso. No Capítulo 7, abordamos como evitar pedidos de desculpas desnecessários e justificativas involuntárias. Assim, o que temos é: "Obrigado pelo convite, mas não posso. ~~Estou cheio de trabalho. É uma pena!~~"

Podemos decompor a resposta em dois elementos: agradecimento (obrigado pelo convite) seguido de uma negativa (mas não posso). O problema com começar por agradecer e terminar com a recusa é que fica muito tentador acrescentar uma justificativa ao fim da frase. Por exemplo: "Obrigado pelo convite, mas não posso... porque tenho um compromisso e estou muito ocupado com..."

Outro problema é que isso dá margem para a pessoa perguntar o motivo ou querer saber mais, pois quando dizemos "não posso" damos a impressão de esperar que ela demonstre preocupação e responda: "Ah, que droga, por que não?" ou "Aconteceu alguma coisa?". E um dos maiores problemas com essa sequência é que ela nos induz a usar a palavra "mas": "Obrigado, mas..." (embora não haja problema em usar o "mas" antes de agradecer: "Mas obrigado pelo convite"). A ideia adversativa tira a força de sua intenção de agradecimento.

Existe uma maneira melhor. Comece a desenvolver sua confiança em recusar convites e compromissos pouco importantes com estes três passos:

Passo 1: recuse.
- "Não posso."
- "Não vai dar."
- "Não consigo."
- "Sou obrigado a recusar / Vai ter que ficar pra próxima."
- "Prometi a mim mesmo que..."

Passo 2: agradeça.
- "Obrigado pelo convite / por me chamar / por se lembrar de mim."
- "Foi muito legal de sua parte me convidar / seu convite significa muito."
- "Fico grato pelo convite."
- "Fiquei feliz, obrigado por me convidar."

Passo 3: seja atencioso.

- "A ideia parece ótima!"
- "Espero que dê certo! / Tenho certeza de que vai ser ótimo!"
- "Falaram bem do lugar…"
- "Espero que corra tudo bem!"

Essa sequência funciona por vários motivos.

Em primeiro lugar, recuse logo de início, pois é direto, e ser direto é ser atencioso.

Em segundo, atenue a recusa mostrando-se grato, de forma a reconhecer o valor do gesto e retribuir a consideração. Quando dizemos não e agradecemos em seguida, eliminamos a necessidade de responder acrescentando "mas".

Por último, encerrar com palavras atenciosas proporciona a sua resposta um tom mais agradável, que não convida a pessoa a perguntar "Por que não?", e sim encoraja uma reação como "Disponha!", ou "Vamos sentir sua falta!". E, sobretudo em mensagens pelo celular, sinta-se livre para usar emojis, quando for o caso, pois isso ajuda a comunicar o contexto emocional para a pessoa.

Agora pegue seu notebook imaginário outra vez e leia o convite para um café de novo. Em vez de apagar ou ignorar a notificação, responda:

> "Não posso. Obrigado pelo convite. Ouvi falar muito bem do lugar."

É bem improvável que uma resposta direta e confiante como essa cause objeção ou insistência. Compare essa resposta a outra mais desajeitada: "Obrigado pelo convite, mas não posso ir."

Atenção: se ainda assim a pessoa pedir uma justificativa, uma explicação ou um motivo para sua recusa, não ceda — a menos que ela seja alguém que você ama, em quem confia e com quem se sinta à vontade para se abrir inteiramente. Se houver necessidade de responder alguma coisa, simplesmente repita o que já disse. No exemplo do café, se o seu colega insistir e perguntar "Mas por quê?", volte a recusar como antes, repetindo "Não posso". Nesse ponto, há uma razão para responder de um modo mais seco: você não precisa se desculpar nem justificar por que decidiu fazer o que é melhor para você.

Um não é o único motivo de que precisa. "Não!" é uma oração completa.

Aceite o sentimento de desapontamento. Reflita sobre ele. Aceite-o. Não abra mão de sua autoconfiança. Tudo isso faz parte do processo de reclamar suas necessidades e conquistar sua liberdade. Em geral, a sensação de que decepcionamos alguém é 98% ego e 2% verdade. Ou seja, a decepção se deve em boa parte por acreditarmos que nossa presença é tão necessária que quem nos convidou vai ficar arrasado se não formos, que somos tão vitais para o momento que a pessoa não terá resiliência emocional suficiente para lidar com nossa ausência.

É muito improvável que tenhamos tanta moral assim. Respire fundo e continue a tocar a vida. Quando lutamos por nossos direitos, as decepções que causamos aos outros costumam significar que estamos fazendo alguma coisa certa.

Contudo, e quanto a conversas mais difíceis, como comentários e perguntas que nos constrangem, vindas de pessoas sabidamente tóxicas ou manipuladoras, que exigem mais do que temos a dar?

É possível dizer não a elas?

Como impor limites

Você já deve ter ouvido falar em impor limites quando se trata de seu respeito próprio ou de sua autoestima. E, embora possa estar familiarizado com o tema, encontrar as palavras certas para fazer isso de modo efetivo exige uma habilidade particular, pois vai além de ter consciência deles; é preciso saber comunicá-los com assertividade. Se recusar um convite social for como fechar uma porta, impor limites está mais para construir uma fortaleza rodeada por um fosso.

Defina o perímetro

Em geral, escutamos as pessoas se referirem aos limites pessoais como uma linha que não deve ser ultrapassada. Essa descrição é incompleta. Um limite não é simplesmente uma linha, e sim um perímetro. Pense em um círculo ou retângulo: não há início nem fim. A área é fechada, criando um espaço definido que é distinto e único para quem o ocupa. Quando andamos por algum bairro residencial ou mesmo por uma estrada rural, é comum nos depararmos com cercas e sebes. Elas são importantes, pois informam que a propriedade pertence a alguém que valoriza o que há do lado de dentro. A cerca serve como um sinal tanto para manter as pessoas do lado de fora quanto para impedi-las de ultrapassar, comunicando suas fronteiras de maneira visual. Limites pessoais funcionam basicamente da mesma forma.

Eles começam pelas coisas que são importantes para você. Seus limites informam o mundo exterior sobre seus valores mais importantes: saúde, família, carreira, bem-estar, dignidade, o que for. Ao seu ver, são essas coisas em sua vida que mais vale a pena proteger.

Por exemplo, digamos que sua família seja sua prioridade número um. Isso não é um limite, e sim um valor. E você anuncia ao mundo esse valor quando deixa de ir naquele evento onde faria networking para não perder a oportunidade de colocar seus filhos para dormir. Ou ao recusar aquela oferta de emprego que significaria mais tempo longe de quem ama. Assim como cercas e sebes, essa é uma manifestação explícita de onde ficam nossas fronteiras pessoais.

Talvez sua prioridade seja a saúde mental. Quando você não aceita o convite para aquela reunião familiar que sempre termina com você se sentindo mal consigo mesmo, ou se afasta daquele amigo tóxico que suga toda sua energia emocional, as pessoas percebem que você construiu uma "cerca".

Suas ações e escolhas definem os limites em torno do que você valoriza. São elas que informam os demais sobre suas prioridades. A importância de sua família ou o valor de sua saúde mental só passam a ser um limite quando você começa a fazer escolhas intencionais que deixem evidente aos outros que não devem ultrapassar certos limites. A construção da sua autoconfiança depende, entre outras coisas, de você ser o guardião da própria autoestima. Você precisa mostrar o que é ou não é permitido.

Os benefícios dos limites pessoais são inúmeros. Eles constituem a base dos relacionamentos saudáveis, da comunicação sincera e do respeito próprio. Ao impor limites, não só zelamos por nosso bem-estar emocional e mental como também ensinamos os outros a compreender e respeitar nossas necessidades e nossos desejos. Ao impor limites também prevenimos o esgotamento e o rancor,[21] já que não aceitarmos nos sobrecarregar e assim ganhamos tempo e energia para nos dedicar ao que importa de verdade. Os limites nos capacitam a fazer escolhas alinhadas aos nossos valores e nossas prioridades, promovendo liberdade e autonomia. Além disso, são uma forma de autocuidado: estamos zelando por nós mesmos o suficiente para proteger nossa paz de espírito. Quando nos sentimos à vontade em impor limites, notamos uma sensação mais profunda de controle sobre nossa vida e uma capacidade maior de vivenciarmos as interações com assertividade, fortalecendo nossa confiança.

Escreva um manual próprio

Quero que retroceda em sua mente e relembre alguma ocasião em que alguém lhe disse algo humilhante. Uma briga com o ex-cônjuge. Uma discussão com um chefe ou pessoa em posição hierárquica superior. Um momento em que você se sentiu pressionado a ir contra os próprios valores, sem poder contar com o amparo de impor algum limite.

Lembre-se especificamente de seu estado emocional. Meu palpite é que a última coisa que passou por sua cabeça foi que estava no controle. Você se sentiu encurralado, impotente, totalmente concentrado em reagir à presente ameaça. Como se tivesse sido despojado de sua autonomia. Como se alguém segurasse o controle remoto das suas emoções, apertando botões, mudando de canal sem seu consentimento, e o obrigasse a assistir ao espetáculo de sua dor.

Em vez de ceder à pessoa o controle remoto de suas emoções, entregue-lhe seu manual de instruções, enumerando as coisas que recusará de imediato. O manual evidencia os limites traçados por você, delineando seu "funcionamento" em detalhes. Pense nisso como se explicasse à pessoa um jogo de baralho que ela não conhece. As regras vão permitir que a interação progrida. Veja a diferença:

- Quando a pessoa tem o controle remoto, nos exaltamos: "Não grite comigo!"

- Quando tem o manual de instruções, dizemos: "Me recuso a conversar nesse tom de voz."
- Quando tem o controle remoto, nos exaltamos: "Não fale assim comigo!"
- Quando tem o manual, dizemos: "Não admito que fale comigo desse jeito."

Em um caso, você está dizendo "Não tenho controle". No outro, "Eu tenho o controle".

Contudo, o manual não é apenas para os outros; é para você também. Sabe o que ele instrui? Boa pergunta. É bem provável que não. Se não sabe, porém, como vai esperar que outra pessoa saiba? A solução é produzir uma lista, uma série de diretivas indicando como a comunicação deverá ocorrer em sua próxima conversa. Formule isso em orações completas, redigindo seu manual de instruções. Explicite para si mesmo que tipo de coisa rejeitará e que tipo de coisa não permitirá que ultrapassem seu limite. Por exemplo:

- "Não admito desrespeito."
- "Não aceito que os outros me digam ou decidam como devo me sentir."
- "Não entro em uma discussão sem estar preparado."
- "Não vou desconsiderar minha intuição."
- "Não vou comprometer minha paz de espírito em nome da conciliação."
- "Não gosto de fofoca nem de falar mal dos outros."

Você vai descobrir que escrever nossos limites nos confere uma sensação de segurança. Seguindo as instruções de seu manual, você vai se sentir mais confiante para defender sua posição da próxima vez que alguém ofendê-lo, atrapalhá-lo ou puser palavras em sua boca. Quando alguém disser "Você não tem interesse em ouvir minha opinião, só pensa em si mesmo", você vai se sentir empoderado o bastante para responder com toda a calma do mundo: "Quem decide isso sou eu." Desse modo, neutralizamos a capacidade da pessoa de influenciar nossas emoções e tomamos uma atitude visando nosso bem-estar.

Estabeleça seus limites

Tendo consciência dos valores que você precisa proteger e do seu manual, é hora de impor limites. Isso significa se pronunciar e informar a outra pessoa até onde ela pode ir e, acima de tudo, deixar bem evidente que limites não pode ultrapassar. Eis como fazer isso:

1. Comece por traçar os limites

Formule uma declaração em primeira pessoa, como abordado no Capítulo 8, e a seguir insira o limite que não deve ser transgredido. O uso da primeira pessoa evidencia que seus limites são escolha sua. Se você fez a lição de casa, esta deve ser a parte mais simples. Dependendo de seus valores, isso soaria como:

- Não aceito ser tratado desse jeito.
- Não trabalho aos fins de semana.
- Não bebo.

Tenha em mente que nem sempre a imposição de limites exige que você se *negue* a algo. Também serve para redirecionar a conversa, recuperar o foco e deixar explícito seu interesse na comunicação construtiva. Eis uma boa regra prática:

- **Declare por que está ali.** Se um assunto não relacionado ou uma digressão vier à tona, retome o foco da conversa. Esse é um limite de presença. "Estou aqui porque você é importante para mim."
- **Declare sobre o que vão falar.** Se questões passadas foram mencionadas ou houver um ataque a seu caráter, não permita. Esse é um limite de propósito. "Estou aqui para falar sobre o que você me disse na sexta passada."
- **Declare seus princípios.** Se for dito algum absurdo ou houver uma tentativa de provocar uma reação emotiva em você, mostre firmeza. Esse é um limite de integridade. "Eu não vou discutir isso com você."

Uma vez demarcados seus limites, encerre a questão. Não fique tentado a fornecer justificativas ou explicações. A bola agora não está mais com você: cabe à pessoa decidir se vai ou não os respeitar.

2. Informe as consequências

Quando alguém deixa explícito que não pretende respeitar seus limites, informe quais serão as consequências caso a pessoa continue a ir longe demais. São duas etapas:

- A primeira impõe uma condição: "Se você continuar a..."
- A segunda impõe uma deliberação: "Vou (agir da seguinte forma)..." Como você deve se lembrar do Capítulo 7, essa frase estimula sua autoconfiança, mas aqui ela dá respaldo aos seus limites.

Vejamos como fica a imposição de limites após enunciarmos as consequências:

- "Não aceito ser tratado desse jeito. Se continuar a me tratar assim, vou dar um basta nesta conversa."
- "Não trabalho aos fins de semana. Se continuar me escalando para trabalhar no fim de semana, vou procurar um lugar que apoie meu comprometimento com a família."
- "Não bebo. Se continuar a insistir, vou embora."

3. Encerre o assunto

Esta é a parte mais difícil. Quando você ameaça alguém com as consequências, é bom estar falando sério. Sua autoafirmação exige que expresse como vai agir e, depois, cumpra o que prometeu. Ou seja, se continuarem a pisar no seu calo, a conversa chegará ao fim; você vai procurar um novo emprego; vai deixar a festa para estar entre amigos que respeitem suas escolhas. É uma demonstração de que fala sério e de que leva o que falou a sério. Não retroceda um passo sequer. Independentemente da reação emocional da pessoa, recuse-se a morder a isca e se deixar levar por uma conversa destinada a sabotar os limites que você acabou de estabelecer. Coerência é essencial.

Como impor limites muda os relacionamentos

É preciso ter uma coisa em mente quando passamos a identificar e impor nossos limites: nem todo mundo vai gostar. Alguns chegarão até a odiar. Contudo, mesmo assim, você será respeitado por isso.

A demarcação de limites costuma separar quem está com você por sua personalidade de quem está ao seu lado por conveniência. Isso inclui até amigos próximos e familiares. Haverá quem prefira sua versão que não estabelecia limites. Esse é o momento de observarmos com atenção com quem podemos de fato contar, quem é genuíno. Quem são as pessoas que nos amam e apoiam. Aquelas que nos amam apenas pelo que podemos lhes dar não estão pensando em nosso bem. Quem critica nossos limites está simplesmente reagindo a uma perda de privilégios. É como se antes conseguissem furar a fila e agora tivessem de esperar, como todo mundo.

O fato de ficarem tão incomodadas com os limites que foram estabelecidos não é um sinal de que sua atitude está errada, e sim de que está dando certo.

Mentalize o pensamento: "Não cabe a mim convencer você de que isso faz sentido. Não imponho limites para deixá-lo à vontade ou não, e sim para me preservar."

Tudo bem se alguns não aceitarem de imediato. Mostre consideração e lhes dê tempo para se adaptar à mudança. É o momento de testar e recalibrar seus relacionamentos.

Uma rápida observação: tampouco seja o tipo de pessoa que impõe limites em excesso, exagerando a ponto de fugir de suas responsabilidades e evitar colaborar nas coisas mais básicas e razoáveis. Nossos limites não podem servir de desculpa para tudo. Eles não justificam um mau comportamento. Não nos desobrigam de nossos deveres. Limites em excesso podem ser contraproducentes. Concentre-se em estabelecer um perímetro em torno do que você de fato mais valoriza na vida.

Nossos limites são os guardiões do nosso bem-estar. Eles reforçam a diferença entre as coisas que julgamos aceitáveis e as que não queremos em nossa vida. Assim, trace linhas nítidas. Pense naquela pessoa com quem você precisa mesmo ter essa conversa: que limites necessita determinar, quais serão as consequências se ela os desrespeitar e como você cumprirá o que prometeu?

Essas questões vão levar você a cultivar relacionamentos que recarregarão suas baterias, em vez de sugar sua energia.

RESUMO DO CAPÍTULO

- "Não!" é uma oração completa.

- Superamos o medo de dizer não aprendendo a assumir as consequências. Não fique constrangido em decepcionar as pessoas quando necessário. Pode ter certeza de que são emocionalmente mais resilientes do que você imagina.

- Nossas ações e escolhas definem o perímetro em torno dos nossos valores. Se você quer descobrir o que a outra pessoa valoriza, observe os limites impostos por ela.

- Forneça aos outros um manual de instruções sobre como se comunicar com você — não um controle remoto. Informe-os sobre o que considera aceitável e inaceitável.

- Se os limites que você estabeleceu deixam a pessoa incomodada, isso é um indício de que estão funcionando, e não de que são errados.

Regra 3:
Fale para se conectar

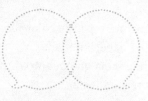

CAPÍTULO 10
Molduras

Lembro-me da primeira vez que minha mãe me levou para comprar um par de tênis novos por conta da volta às aulas. Fomos ao shopping center de Parkdale, atravessamos a praça de alimentação e viramos em um corredor onde vi uma loja imensa com o letreiro FOOT LOCKER em neon vermelho. Eu estava muito empolgado. Na minha cabeça, já sabia o tipo exato de tênis que queria. Precisava ser um que me fizesse pular bem alto, então era imprescindível ter bastante amortecimento. Também precisava me ajudar a correr mais rápido, então não podia ser muito pesado. E tinha de ser *maneiro*, é óbvio.

Ao entrarmos na loja, fiquei de queixo caído. Havia *toneladas* de tênis. Todos parecendo capazes de me fazer saltar mais alto e correr mais rápido. Todos maneiros.

Coitada da minha mãe. Quase a enlouqueci, assim como o resignado atendente da loja, por experimentar um par atrás do outro. Ela apertava o bico de um por um com o polegar para ver se era do tamanho certo (toda mãe faz isso?). Pedia-me para caminhar pela loja a cada novo par. Eram tantas opções. Eu não conseguia escolher. Levei uma eternidade.

Até que enfim sua paciência se esgotou. Ela foi até o mostruário, pegou dois pares diferentes, virou para mim e disse:

— Escolha um.

— C-Como? E os outros? — perguntei.

— Nada disso — disse ela, abanando a cabeça e me olhando daquele jeito. — Escolha.

Aquele foi meu primeiro par de Nike Shox, que por acaso foi o primeiro que eu havia experimentado.

Minha sensata mãe sabia que quanto menos opções houvesse, melhores seriam os resultados.[22]

O mesmo se aplica às conversas. Se uma conversa não tem objetivo, parece que gira em torno de nada. Se tem objetivos demais, também parece girar em torno de nada. E não estou me referindo a conversas casuais, como o bate-papo com amigos e colegas de trabalho ou um casal à noite contando um ao outro como foi o dia; me refiro às conversas que precisam atingir um objetivo específico: conexão. Quando limitamos os rumos que a conversa pode tomar, isso facilita que os interlocutores se conectem e cheguem a um denominador comum.

Não posso prometer que essa estratégia vai fazê-lo correr mais rápido ou pular mais alto.

Contudo, prometo que funciona.

O que é uma "moldura conversacional"?

Para estabelecer uma conexão sincera com alguém, você precisa estruturar a conversa. Assim como uma moldura delimita as bordas de um quadro e destaca a obra de arte, uma moldura conversacional restringe as digressões e concentra a atenção no assunto pertinente.

Ao reduzir seu escopo, esse enquadramento assegura que o interlocutor tenha menos opções e estreita o foco da discussão. Com a moldura, ninguém fica em dúvida quanto ao motivo da conversa, sobre o que estão falando ou como ela deve terminar. Você comunica à pessoa tanto suas necessidades como suas expectativas, fomentando uma mentalidade propícia ao acordo. É como se executassem a mesma partitura: ambos sabem a música, as notas e o compasso.

Com isso deixamos também evidente que tópicos irrelevantes ou fora do assunto não cabem no enquadramento. A tentação de mudar os rumos da conversa é menor, porque a moldura determina quais elementos serão observados.

Na ausência de um perímetro traçado, a discussão se dispersa e vocês não conseguem se deter a um tema — como uma criança diante do mostruário à procura do par de tênis perfeito. O ponto da conversa se move de um lugar para o outro, revisitamos o que já foi dito ou vamos parar em um lugar totalmente afastado do ponto inicial. É por isso que às vezes começamos falando de uma coisa e terminamos falando de outra completamente diferente. A moldura é o cão pastor que guarda e impede as ideias de se dispersarem. Uma discussão desestruturada pode acarretar uma série de resultados pouco proveitosos:

- a conversa leva mais tempo porque o assunto é ilimitado;
- quanto mais falamos, mais nossas palavras ficam suscetíveis a erros de interpretação, confusão e mal-entendidos;
- encerramos a conversa com a sensação de que nada ficou resolvido, ou, pior ainda, de que demos um passo para a frente e dois para trás.

Conversas sem direcionamento fatalmente se perdem. Puxar assunto de maneira vaga — como: "Ei, podemos conversar? Então, lembra uns meses atrás, quando...", ou "Preciso te dizer uma coisa. Não é nada, mas..." — é de pouco proveito, e pode causar mais mal do que bem, uma vez que ela já começa sem rumo.

Muitas vezes só temos certeza do que queremos dizer quando já estamos falando. Sabemos decolar (isto é, dar início a uma conversa), mas não sabemos pousar. Assim, gaguejamos e damos voltas até enfim descobrirmos o que queremos dizer. Ao fim de um monólogo de dez minutos, emendamos um: "Mas só estou dizendo tudo isso pra dizer que..."

Só que agora já costuma ser tarde demais, e perdemos a oportunidade de criar uma conexão.

Quanto mais assuntos, elementos ou temas enfiamos em uma conversa, mais sobrecarregada ela fica, e menores são as chances de que ela chegue a algum lugar. Sem uma estruturação evidente ou um ponto de chegada estabelecido desde o início, a conversa logo pode cansar a outra pessoa. O tempo que levamos para chegar aonde queremos vai consumindo sua atenção cada vez menor, e ela acaba perdendo o interesse.

Se alguém já respondeu a uma pergunta sua com uma destas questões, é porque você não deve ter estruturado a conversa:

- "Então não vai querer ir à festa?", quando, na verdade, você quer.
- "Aonde quer chegar?", quando você acha que já deixou evidente.
- "O que espera que eu faça?", quando, na verdade, você não espera que a pessoa tome providência alguma.

Perguntas desse tipo nos fazem querer esbravejar frases do tipo "Você não está entendendo!", ou "Você não está escutando!". Entretanto, o que devemos nos perguntar é: será que meu argumento não foi bem explicado? Eu o estruturei de modo direto e conciso? Ou fiz com que tivesse que procurar uma agulha em um palheiro?

Parâmetros pouco definidos forçam o outro a bancar o detetive, e isso pode ser uma experiência terrivelmente frustrante. A pessoa nos escuta divagar e dar voltas, perguntando-se aonde queremos chegar. Pode ser que não faça ideia de onde tudo aquilo saiu, do que se trata de fato ou o que esperamos dela afinal de contas. Essas dúvidas não respondidas acionam o medo do desconhecido, um dos piores gatilhos psicológicos existentes.

Tal medo traz ansiedade à interação, sobretudo se a pessoa tende a logo imaginar o pior cenário quando o escopo da conversa não foi delineado com nitidez. O gatilho da sensação de perda também entra em ação, pois ela receia ter cometido um erro e azedado o relacionamento.

Esses temores desencadeiam a fase de ignição dela, causando reações emocionais exageradas ou agressivas, como exclamar: "Não sei o que você quer!" Ou nos põem em uma posição em que somos levados a perguntar: "Por que tanta irritação? Só estou tentando conversar!"

O problema reside na indefinição de parâmetros. Sem saber por que estamos tocando no assunto, a pessoa fica perdida, imaginando aonde tudo vai parar ou se está prestes a escutar poucas e boas. Não há espaço para compreensão nem aceitação. E, sem dúvida, tampouco para a conexão.

Tenha em mente, porém, que é preciso saber ainda o que *não* faz parte da moldura. A estruturação da conversa não significa que:

- possamos ditar o rumo dela sem dar brecha às contribuições ou preocupações das outras pessoas;
- que os outros não devam ter oportunidade de discordar ou se defender;
- nossa moldura esteja sendo justa com as outras partes;
- possamos abrir mão da estrutura quando nos for mais conveniente;
- apenas você tem o direito dizer o que pensa.

A estruturação da conversa se aplica tanto a você quanto a seu interlocutor. Ela permite que ambos saibam exatamente o que esperar, com um propósito definido e pouca margem para confusões. Outra forma de pensar sobre isso é mapear a conversa. Se queremos que o interlocutor nos acompanhe do ponto A ao ponto B, precisamos informá-lo qual é o destino, para minimizar as eventuais ansiedades que ele possa enfrentar.

Como estruturar uma conversa

Assim que iniciar sua próxima conversa, estruture-a primeiro. Não espere para fazer isso apenas quando ouvir algo que o incomode. Isso não é justo. Determine a moldura conversacional logo de cara. Eis as etapas necessárias, seguidas de exemplos para ilustrar exatamente como uma conversa estruturada deve ocorrer:

1. Direcione a conversa

Comece informando ao outro exatamente qual é o tópico da conversa. Suas palavras devem ser concebidas com seu objetivo e seus valores em mente. Por exemplo:

- "Quero conversar sobre seus comentários na reunião de ontem."
- "Gostaria de discutir as expectativas salariais."
- "Preciso falar sobre o planejamento para terça-feira à tarde."
- "Gostaria de falar sobre um assunto pessoal."

2. Defina seu objetivo

Em seguida, informe aonde você quer chegar com a conversa. Essa é uma forma de projetar o resultado pretendido e direcionar o diálogo. Explique exatamente o que se espera extrair dele ao fim. Seja o mais específico possível. Para ajudar nisso, imagine que está completando a frase "E quando encerrarmos...":

- "... quero sentir que fortalecemos nossa relação de trabalho."
- "... quero ter certeza de que continuamos a ter respeito um pelo outro."
- "... quero que tenha me escutado sem achar que precisa resolver o problema."
- "... quero que saiba que ainda te amo e não quero me separar."

3. Chegue a um acordo

Finalize a estruturação da conversa assegurando o consentimento da pessoa. Por exemplo:

- "Tudo bem por você?"
- "Estamos combinados?"
- "Você considera viável?"

Agora vejamos esses três passos na prática.

Imagine que você esteja conversando em particular com um colega na copa da empresa. Cumprindo os três passos da estruturação, sua frase inicial poderia ser algo como:

"Obrigado por se dispor a conversar. Só queria ter uma palavrinha rápida sobre as coisas que você comentou na reunião de hoje de manhã. Queria que a gente explicasse um ao outro o que cada um considera importante e quais aspectos podem ser melhorados. Por você tudo bem?"

Ou então:

"Agradeço por tirar um tempo pra esta conversa. Eu queria comentar as expectativas para este trimestre e ter certeza de que a gente está comprometido com as mesmas prioridades. O que acha?"

Ou esta, no contexto de um relacionamento íntimo:

"Queria falar com você sobre o que achei do seu comportamento ontem à noite. Não estou dizendo que um dos dois esteja certo ou errado. Só queria que daqui pra frente nós conseguíssemos nos apoiar de maneira mais eficaz. Dá para fazermos assim?"

Com parâmetros nitidamente definidos como esses, o interlocutor quase nunca se recusa a colaborar.

Essa estrutura recorre às vantagens naturais de uma moldura conversacional, definindo o que está incluso e excluindo o restante. Ou seja, o enquadramento destaca o que pertence ao assunto e põe de lado o que não é pertinente.

A estruturação também mostra ao outro que a conversa tem de fato uma finalidade. Outra vantagem de haver um escopo é que as pessoas escutam melhor, pois sua atenção não se dispersa com digressões. Finalmente, a estruturação fortalece a ligação entre o emissor e o receptor nessa conversa.

Uma moldura por assunto

— Ok, pessoal, temos um monte de coisas pra discutir hoje — começa seu chefe.

Na mesma hora, todo mundo sente vontade de resmungar ou revirar os olhos. Afinal, ao que tudo indica essa introdução prepara o terreno para uma reunião dispersa e potencialmente exaustiva, em que o foco se dilui por inúmeros assuntos. Só porque há uma pauta, não significa que ela seja efetiva ou envolvente.

Argh, podemos pensar. *Esta reunião podia ser um e-mail. Que perda de tempo.* No fundo, sabemos que a maioria das questões importantes vai ficar de fora (ou que elas serão abordadas apenas de maneira superficial). Também sabemos que é muito provável que a reunião vai ser encerrada com a marcação de uma nova reunião. Não nos sentimos confiantes de que haverá resultados, medidas concretas ou conclusões — apenas um bando de pessoas se reunindo para dizer que se reuniram e conversando para dizer que conversaram. É difícil estabelecer uma conexão forte quando o sinal é tão fraco.

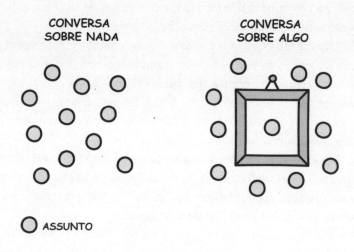

É por isso que precisamos de uma moldura para cada assunto.

Imagine que seu gerente chegasse para você e dissesse: "Hoje vamos falar sobre como aprimorar o processo de feedback do cliente." É provável que você sentiria maior engajamento com a reunião e teria mais consciência de seu propósito. Essa especificidade direciona o foco de todos.

Quando a reunião termina com o assunto tendo sido discutido, todo mundo sai mais satisfeito, porque a conversa foi mais produtiva e profunda, e não um desperdício de tempo.

O princípio da moldura por assunto consiste em manter as discussões concisas e evitar que percam o rumo. Conversas com uma única moldura têm dois benefícios:

1. somos obrigados a eliminar as informações supérfluas ao sintetizar e deliberar de maneira mais consciente o que precisamos de fato dizer;

2. criamos o contexto propício a uma discussão mais aprofundada sobre o tema em questão.

Quando não ficamos pulando de assunto em assunto, temos chance de ir além do superficial. Há mais espaço para explorar as nuanças, considerar as diversas perspectivas e colaborar nas soluções. A moldura única para cada assunto encoraja todos os envolvidos a marcar presença e mostrar engajamento, em vez de ficarem em uma preparação mental para o tópico seguinte de uma pauta extensa.

Na prática, a aplicação desse princípio pode significar dividir uma reunião mais abrangente em várias microssessões menores e mais dinâmicas. Ou, no caso de mensagens ou e-mails, endereçar um único assunto por mensagem para as pessoas certas, em vez de juntar inúmeras discussões ou tópicos em uma resposta para todos.

Lembre-se: ser transparente é ser atencioso. Esse método respeita o tempo e os recursos cognitivos de todo mundo, criando uma conexão mais forte.

Como fazer a conversa voltar aos trilhos

Acontece. Ninguém tem culpa, mas, de algum modo, a conversa extrapolou a moldura original planejada. Talvez vocês apenas tenham se desviado do assunto ou perdido o fio da meada. Não foi por querer. No entanto, perceba que também não há o menor problema em deixar que a conversa se desenrole de maneira natural. Se isso começar a acontecer com muita frequência, porém, uma dica simples para voltar ao assunto é usar a palavra-chave do seu objetivo.

Digamos que vocês tenham enveredado por uma conversa sobre como ambos antipatizam com Gary, da contabilidade, quando deveriam estar discutindo o orçamento de marketing. Uma rápida menção à palavra "marketing" vai ajudar a retomarem o foco. Ou alguém pode dizer, simplesmente: "Estamos fugindo do assunto." Não há problema algum.

Contudo, às vezes não é tão simples assim. Uma conversa delicada pode com muita facilidade passar a ataques pessoais ou trazer à tona queixas antigas que são um empecilho para o objetivo do momento. Essa tática é usada com frequência, de forma intencional ou não, para alguém mudar de assunto ou obter uma vantagem em alguma discussão futura. Quando isso acontece, é fundamental reconhecer que o diálogo está sendo improdutivo e reenquadrar a conversa na moldura original.

A título de ilustração, observemos dois diferentes cenários. No primeiro, a culpa por ter desviado da conversa é sua. Você disse algo que não deveria ter dito, e agora a situação saiu dos trilhos. Para corrigir o problema, tome três atitudes rápidas:

1. Peça desculpas por ter mudado o rumo da discussão.
   a. "Desculpe. Não deveria ter dito isso."
   b. "Desculpe por erguer a voz."

2. Complemente o que disse assumindo que se distanciaram do objetivo.
   a. "Isso não ajudou em nada."
   b. "Isso não foi justo."
   c. "Não foi isso que combinei com você."

3. No mesmo instante, retome de onde pararam antes que a conversa se desviasse.

Vejamos como tudo se une: "Ei, desculpe. Não deveria ter erguido a voz. Isso não ajudou em nada e não foi o que combinamos. Estou tentando entender como podemos evitar que volte a acontecer o mesmo que ontem."

No segundo cenário, foi outra pessoa que desencaminhou a conversa. Trata-se de uma tática defensiva comum, que, se não for cerceada, logo transforma o diálogo em bate-boca. Suponhamos que você queira discutir um momento desconfortável ocorrido na casa de um amigo. Você determinou sua moldura, e seu amigo concordou. Entretanto, quinze minutos depois, ele o interrompe com uma digressão: "Ah, sério? *Sério mesmo?* Esse é o problema? Você fez a mesma coisa três semanas atrás!"

Comentários como esse são resultado da fase de ignição da outra pessoa: ela quer tirar o holofote de si. Para isso, em geral ela vai tentar uma das seguintes estratégias:

1. Desviar o foco para você.
2. Nivelar a disputa mencionando algo (em geral uma história antiga) que iguale o comportamento de ambos: uma resposta na linha de "mas você também...".

Se a sua próxima conversa se desestruturar desse jeito, é fundamental que você controle suas reações para minimizar sua fase de ignição. A fim de impedir que a discussão se desenvolva — e empregando palavras calmas e controladas e a respiração conversacional —, tente uma destas frases:

1. "Entendo seu argumento. Mas tenho que encerrar a conversa que começamos. Se necessário, estou disposto a voltar a falar sobre isso depois."
2. "Deixe-me terminar meu raciocínio. Escute o que tenho a dizer, e, se for preciso, a gente retoma esse assunto mais tarde."
3. "Concordo que esse assunto também merece atenção. Mas vamos nos concentrar em um tópico de cada vez."

O segredo dessas abordagens é, em primeiro lugar, escutar o que a outra pessoa disse e, em seguida, controlar sua reação para que possam voltar ao tema da conversa. O que não podemos fazer é menosprezar os comentários alheios com afirmações do tipo "Isso não vem ao caso!", ou "Você está saindo do assunto!". Palavras grosseiras como essas só servirão para acrescentar outra camada ao conflito, independentemente de o comentário ser irrelevante ou da tentativa de desviar o foco. Nada positivo vai resultar disso. Assim, lembre-se: fique alerta e volte ao objetivo traçado.

A estruturação é uma ferramenta poderosa para a conexão em qualquer tipo de conversa, das mais casuais às mais importantes. Da próxima vez que estiver em uma reunião ou discussão e sentir que os participantes estão andando em círculos sem chegar a lugar algum, tente usar a moldura conversacional. Escolha um assunto. Determine uma direção. Estabeleça o objetivo. E certifique-se de que estão todos de acordo. Você diminuirá as distrações e minimizará os mal-entendidos. Vai reter a atenção e aumentar a conexão. Também vai conseguir resolver mais coisas em menos tempo. E ainda vai ser visto pelos demais como alguém que respeita o tempo e as opiniões deles.

RESUMO DO CAPÍTULO

- Quanto mais tópicos forem levantados em uma conversa, menos ela parecerá produtiva ou que serviu para algo.

- Para se conectar com alguém, certifique-se de sempre falar com direção e propósito definidos.

- Para evitar digressões prejudiciais ou mal-entendidos, estruture a conversa antes de começar. Isso significa que, se quiser levar alguém do ponto A ao B, comece por explicar suas intenções, eliminando eventuais ansiedades quanto ao que o ponto B representa.

- Estruture a conversa ao começar por afirmar sobre o que quer falar; depois explique o que espera extrair dela; por fim, chegue a um acordo que os coloque juntos na direção adequada.

- Quando aplicamos uma moldura à conversa, reduzimos as chances de erros de interpretação e aumentamos as chances de atingir nossos objetivos de conexão.

CAPÍTULO 11

Ficando na defensiva

— Para ser sincero, é uma questão de forças vetoriais; a influência é praticamente invisível para o olhar destreinado — disse o engenheiro biomecânico no banco das testemunhas.

O papel dele era afirmar que o veículo que colidiu com meu cliente a 90 quilômetros por hora não poderia ter causado uma lesão corporal — no máximo, uma lesão bem leve.

Meu papel era interrogá-lo para refutar essa afirmação.

Ele não gostou da minha pergunta. E eu não gostei da resposta dele.

O depoimento de um perito no julgamento pode decidir os rumos do caso. Peritos são necessários porque há certos assuntos, como reconstituição de acidentes e análises forenses, sobre os quais apenas pessoas com conhecimento suficiente podem opinar. Fazer um perito falar é fácil. O difícil é conseguir fazê-lo parar. Peritos tendem a dar destaque à sua inteligência. Um bom perito permite que todo mundo na sala do tribunal compreenda seu depoimento, tornando-o relevante e acessível. Um mau perito gosta de lançar mão de todo tipo de jargão técnico para se sentir superior. O que eu estava inquirindo era do segundo tipo.

— Certo, compreendo o que está dizendo — respondi. — Permita-me reformular a pergunta. — Após uma pausa, continuei: — Seu depoimento é em favor do réu, a pessoa que colidiu com meu cliente?

— A pessoa cujo veículo fez contato com o veículo do indivíduo, correto — respondeu ele.

Viu do que estou falando?

— A pessoa que colidiu com meu cliente precisou ser levada de ambulância? — perguntei.

— Hã, acho que sim, não tenho certeza — hesitou ele.

— Por ter quebrado a clavícula? — insisti.

Após pigarrear, ele respondeu:

— Repito, acho que... acho que foi isso mesmo.

Continuei a pressioná-lo:

— E o senhor está afirmando a este júri que não tem como esse acidente ter causado uma hérnia de disco no meu cliente?

A pergunta visava deixá-lo em apuros. É o tipo de questão que leva um jurado a tirar os olhos de seu bloco de anotações e prestar atenção no que virá a seguir. Certo, esse especialista poderia ter respondido algo como: "Não exatamente. Minha abordagem não é tão categórica assim." Ou, melhor ainda: "Concordo que parece contraditório. Mas não é tão simples assim." Uma resposta como essa teria sido razoável. Na verdade, teria até contribuído para sua credibilidade se ele admitisse a distinção que eu estava fazendo e a usasse para reforçar seus argumentos. Em vez disso, o júri escutou o seguinte:

— Bem, doutor — disse ele, ajeitando os óculos e se endireitando na cadeira para projetar melhor a voz —, isso exige uma discussão mais aprofundada sobre física e biologia humana, se o senhor for capaz de acompanhar.

O ambiente foi logo dominado pela tensão conforme os membros do júri se remexiam. Uma mulher de mais idade abanou a cabeça com desaprovação e murmurou:

— Hum-hum. Meu Deus.

O perito fez a única coisa que nunca deveria ter feito diante de um júri: interpretou minha pergunta como um desafio ao seu conhecimento e ficou na defensiva. Isso, por sua vez, tornou sua opinião menos convincente. Foi um momento crítico no qual, em vez de buscar criar uma ponte com os jurados, ajudando-os a compreender seu parecer, ele aumentou a distância que os separava por causa de seu ego.

E, embora esse momento isolado com certeza não tenha desmantelado todo seu depoimento, erodiu a confiança que o júri depositava nele. Em um julgamento, onde toda palavra proferida importa, a capacidade de comunicar as evidências é tão significativa quanto as próprias evidências — para o bem ou para o mal. Todos os presentes ao tribunal perceberam na hora: a reação defensiva do perito não só minava o argumento dele como também ressaltava um enorme ponto fraco no caso apresentado pela defesa.

Ficar na defensiva está longe de ser uma reação exclusiva de testemunhas ou peritos em um julgamento. Aplica-se a todo mundo em qualquer situação. A você e a mim. Do tribunal à sala de casa. Esse comportamento pode se manifestar quando menos esperamos. Reconhecer quando estamos na defensiva, compreender por que isso está acontecendo — e municiar-nos das ferramentas para lidar com o problema —, pode transformar a confiança que os outros depositam em nós.

Por que ficar na defensiva quebra a conexão

Poucas coisas cobram um preço maior de uma conversa em um momento posterior do que ficar na defensiva.

Essa postura é o sinal mais revelador de que a fase de ignição está sendo acionada. A pessoa se fecha. Tapa os ouvidos e nos dá as costas. Os escudos erguidos, as lanças em riste. Quando seu gatilho é acionado, ficar na defensiva corresponde a colocar uma armadura. Essa reação ao estresse assume muitas formas. Pode ser uma sensação de nó no estômago ou uma tensão na nuca. Ou pode se manifestar como sarcasmo, tratamento do silêncio (ignorar a outra pessoa) ou até risadas diante de um assunto sério. Entretanto, no dia a dia, quando ficamos na defensiva, eis como costumamos agir:

- Interrompemos: "É, mas você nem…"
- Erguemos a voz: "Você não pode estar falando sério!"
- Partimos para ataques pessoais: "Como você é estúpido."
- Descartamos uma opinião sem nem escutar: "Pff. Você nem sequer liga."

- Reacendemos antigos ressentimentos: "E daquela vez que você..."
- Fazemos generalizações: "Você nunca me escuta!", ou "Você sempre faz isso!"

Soa familiar? Aposto que sim.

Agora leia outra vez. O que todas essas atitudes têm em comum? Você.

"Você" é a primeira palavra que sai de nossa boca quando os escudos estão erguidos. É a primeira coisa a aparecer na mira de nossa arma quando perdemos as estribeiras. E daí se eu falei isso? E daí se fiz algo errado? "Ah é, *eu*? E você, então?"

Esse ato reflexo de apontar o dedo em vez de olhar para si próprio põe em destaque um aspecto fundamental da comunicação humana: nossa aversão profundamente arraigada a estar equivocado ou ser encarado como falho. Ela aciona todos os gatilhos psicológicos:

- Avaliação social: se estiver errado, serei humilhado e rejeitado?
- Identidade pessoal: se estiver errado, ainda terei importância, haverá algum problema comigo?
- Perda: se estiver errado, as pessoas me darão as costas e perderei minha reputação?

A postura defensiva é como uma muralha

A percepção de ameaça nos leva a ficar com a guarda levantada. O emocional toma conta de nossas capacidades analíticas e somos dominados pelo impulso de querer lutar ou fugir da ameaça que o outro representa. É quanto basta para não querermos escutar nada do que tenha a dizer, para acionarmos o botão de MUDO, para enfiarmos os dedos nos ouvidos enquanto entoamos "lá-lá-lá". Não queremos escutar. Não queremos saber. Não queremos discutir.

Estar diante de alguém na defensiva pode ser desagradável. Por mais que tentemos fazer a pessoa se abrir ou conversar, ela simplesmente não escuta, a despeito do que ou de como dissermos. Fique à vontade para tentar mudar o pensamento dela o quanto quiser. Não vai funcionar, porque quanto mais tentamos provar como está enganada, mais ela se convence de que tem razão.

O principal motivo para as pessoas (inclusive eu) se recusarem a escutar é porque ficam incomodadas. O incômodo deriva do fato de o que está sendo dito ir contra a pessoa em questão. Essa sensação de desconforto é chamada de "dissonância cognitiva"[23] — o sentimento desagradável despertado quando uma nova informação se choca com nossas crenças. Ela pode ter várias causas: um bate-boca acalorado, a leitura de um artigo na internet, até mesmo a letra de uma canção. Muitas vezes, deriva de importantes questões sociais ou políticas, como as que costumam ser debatidas por candidatos durante o período eleitoral. É por esse motivo que as pessoas tendem a se manter fieis a uma fonte de notícias e a ignorar todas as demais. Contudo, também pode se manifestar nas menores coisas, como ter de escolher outro prato em um restaurante porque o de sempre está em falta, ou escutar que determinada marca de café é melhor do que aquela que você consome há anos. Tudo que é diferente pode parecer ameaçador e desencadear gatilhos psicológicos.

As coisas em que você e eu acreditamos quase nunca partiram de nós, e sim estão ligadas às pessoas que amamos, ou nos foram transmitidas por elas, ou vêm de lembranças agradáveis que ajudaram a moldar nossa identidade. Isso significa que, se eu afirmar que você está equivocado sobre determinada crença, como sua ideologia política, é provável que não estarei apenas dizendo que você está errado como também que sua avó está errada, seu melhor amigo está errado ou aquela sua memória de infância está errada.

E faríamos qualquer coisa — até chegar a ponto de nos recusar a escutar — para evitar esse incômodo. Por isso, recorrer à lógica nessa hora não funciona. Mais provas não nos levam automaticamente a dar o braço a torcer. Pelo contrário: pode fazer com que teimemos mais ainda, não só para defender nosso ponto de vista como também para resguardar nossos relacionamentos e as narrativas que moldam quem somos. Ficamos na defensiva para "tomar partido" da entidade que integramos ao nosso ser — o gatilho da identidade por associação que vimos no Capítulo 4. E, quanto mais insistimos em impor nosso ponto de vista à pessoa, mais irredutível ela se mostra.

Embora nossa atitude defensiva seja um mecanismo natural projetado para nos proteger, muitas vezes faz mais mal do que bem. Duas coisas acontecem quando nos mantemos assim:

1. impedimos que os outros nos compreendam;
2. não nos dispomos a compreender os outros.

Aí está o problema. Aceitamos as consequências da segunda, mas ignoramos as consequências da primeira.

Ou seja: abandonamos as expectativas em relação a nós ao mesmo tempo em que cultivamos as expectativas em relação à pessoa. Continuamos esperando que ela nos compreenda. Que respeite nossos sentimentos. É como trancar a porta e depois se irritar porque a pessoa ainda não entrou. Tenho certeza de que já ouviu alguém, ou você mesmo, dizer: "Fulano deveria saber." Deveria saber que estou chateado. Deveria saber como isso me afetaria. Entretanto, quando a situação se inverte, somos os primeiros a exclamar: "Não sei ler pensamentos!"

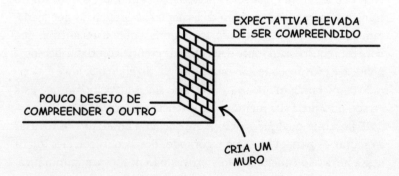

Não se iluda achando que o ciclo seja exclusivo a alguns. Todo mundo faz isso. Quando é você quem está no lugar de pedestre atravessando a rua, pensa: *Os carros que esperem. Sou um pedestre. Não veem que estou atravessando?* Contudo, quando está dirigindo e para em um cruzamento, pensa: *As pessoas atravessam como se*

fossem as donas da rua. Esse aí está andando devagar de propósito. Não veem que estou aqui parado esperando? Essa mudança de perspectiva ilustra como somos rápidos em ajustar nossas simpatias, ainda que esperemos que as simpatias alheias não mudem.

Do ponto de vista técnico, isso é o que os psicólogos chamam de "erro de atribuição fundamental",[24] algo que influencia nossa compreensão ou o juízo que fazemos dos outros. O erro de atribuição fundamental descreve o conceito de que somos inclinados a dar muita ênfase a explicações baseadas na personalidade e a subestimar fatores situacionais externos. Por exemplo, se vemos alguém chegar atrasado ao escritório, podemos tachar a pessoa como preguiçosa, desinteressada ou desmotivada (explicação baseada na personalidade) e minimizar fatores como trânsito, clima ou problemas pessoais (explicações situacionais). E se ela passa por nós sem cumprimentar, às vezes achamos que fez isso de propósito.

Eis outro grande problema da mania de apontar o dedo: nos faz levar as coisas para o lado pessoal, interpretando as palavras ou os gestos da outra pessoa como um ataque direto contra nós, mesmo quando não é o caso. Considere o seguinte exemplo de um casal discutindo na cozinha:

ELE: "Qual é o problema? Você parece distante."

ELA: "Estou sobrecarregada. Foi um longo dia, a casa está uma bagunça e a última coisa que quero fazer é lavar esta louça."

ELE: "Está dizendo que não ajudo? Quem lavou a louça ontem fui eu."

ELA: "Não é isso que estou dizendo."

ELE: "É exatamente isso que você está dizendo. Você acha que não ajudo o suficiente. Mas sou eu que vivo arrumando a casa. Sou eu que cuido dos horários de todo mundo."

Eita. Está vendo o que quero dizer? Não há a menor chance de conexão.

Uma vez erguidas as barreiras, passamos a nos importar menos em compreender o outro lado, mas ao mesmo tempo esperamos que o outro lado se esforce em nos compreender. A esposa gostaria de conversar a respeito do dia dela. Em vez de aproveitar a oportunidade para se conectar, o marido decidiu de maneira unilateral transformar isso em acusação contra seu caráter.

Eis outro exemplo que muitas vezes provoca uma reação defensiva: Alguém responde sua mensagem relativamente longa de quatro frases com um "tá bem" ou, pior ainda, "ok".

O primeiro pensamento que lhe ocorre é: *Como assim, "ok"? O que ela quer dizer com "ok"?*

Então você não consegue mais tirar isso da cabeça. *Ok? Só ok? Será que não dava para se esforçar um pouco mais? Que mal-educada*, você pensa com seus botões. Talvez se sinta tentado a mostrar a mensagem para outra pessoa a fim de confirmar sua impressão: "Olha que grossa!" Você decide responder:

"Quer saber, esquece. Não estou com disposição pra isso agora."

A falha de comunicação vira bate-boca, e ambos passam o restante da noite em meio a uma discussão que nunca deveria ter acontecido. Acontece que o "ok" não passou de uma resposta apressada quando a pessoa estava no caixa do supermercado, mas que ainda assim foi enviada, para mostrar que havia lido sua mensagem.

Quando levamos as coisas para o lado pessoal, criamos uma profecia autorrealizável. Usemos a troca de mensagens acima para ilustrar:

- você percebe a mensagem como mal-educada e a interpreta como um ataque pessoal;
- essa percepção aciona as reações emocionais de sua fase de ignição;
- agora, movido por suas emoções, você responde na defensiva;
- sua resposta desencadeia outras respostas na defensiva;
- o ciclo agora se autorreforça e confirma sua impressão de que se trata mesmo de uma agressão.

Esse ciclo ocorre com frequência em nossa comunicação escrita do dia a dia, como e-mails ou mensagens, em que a nuança vocal se perde. Isso é parte do viés de confirmação,[25] em que nossa tendência é ir atrás de coisas que confirmem ou reforcem nossas crenças preexistentes, ao mesmo tempo em que ignoramos outras informações. Com isso, ao se permitir ser controlado por seu gatilho, você começa a fazer a busca seletiva de informações que alimentarão esse gatilho, descartando as contrárias. Por exemplo, se reclamamos com alguém porque a pessoa se esqueceu de fazer algo, podemos nos concentrar nas ocasiões em que isso aconteceu com ela e descartar todas as demais. Somos atraídos pelos aspectos negativos e rejeitamos os positivos porque isso reforça nossa postura defensiva.

Como não ficar na defensiva

No entanto, existe uma solução.

Ela começa por compreender que o fato de muitas vezes levarmos as coisas para o lado pessoal é um reflexo direto da consideração que mostramos pelos outros, da frequência com que lhes concedemos o benefício da dúvida.

Quanto mais nos abrimos para a ideia de que as ações ou palavras de alguém talvez não tenham tido a intenção de nos ofender, menos propensos ficamos a nos sentir ofendidos. Essa consideração — a disposição em enxergarmos além do nosso umbigo — pode transformar o modo como interagimos com o mundo. Quando nos recusamos a oferecer o benefício da dúvida à pessoa, abrimos mão de nossa paz de espírito.

A consideração, em contrapartida, nos permite enxergar a possibilidade de que a resposta seca da garçonete tenha sido resultado da frustração, pois a mãe dela está cuidando de seus filhos, e era para ela ter saído às seis; de que o carro na nossa frente esteja andando devagar demais (ou seja, na velocidade permitida) porque o motorista perdeu a esposa de 53 anos na semana passada; de que nossa gerente tenha enviado um e-mail lacônico porque, além dos próprios problemas, ela tem de cuidar do irmão mais velho, que acaba de sair da clínica de reabilitação — e não porque qualquer uma dessas pessoas queria nos fazer uma desfeita. Lembre-se de que a pessoa que vemos e a pessoa com quem falamos não são a mesma.

Quando levamos as coisas para o lado pessoal, assumimos um fardo que ninguém nos pediu para carregar. Abandone essa postura e adote uma intenção positiva até que provem o contrário.

A prática deliberada da empatia e da gentileza muda fundamentalmente o modo como você trata a si mesmo. Você se tornará mais autoindulgente e menos autocrítico — e, no fim, uma pessoa mais agradável de se conviver.

Enquanto levar as coisas para o lado pessoal resulta em uma negatividade autorrealizável, mostrar consideração resulta em *positividade* autorrealizável.

Tome isso como um sinal de alerta. Chegou a hora de você assumir a responsabilidade por suas palavras e perceber que nem tudo que é dito exige uma resposta. Talvez você tenha esquecido, mas é a você que cabe decidir se o que alguém lhe diz significa algo, ou se levará o que a pessoa fez para o lado pessoal, ou ainda decidir o peso ou o valor que dará ao que o outro disse. E, embora muitas vezes o que alguém afirma não valha o papel em que foi escrito, mesmo assim você coleta esse recibo e o guarda. Quando menos perceber, estará carregando todo esse peso de papel e tinta.

Chega de andar por aí carregando o peso das palavras alheias.

Chega de entrar em toda discussão ao ser provocado.

Para quem gosta de analogias desportivas, só porque alguém arremessou uma bola para você não quer dizer que você precise rebater. Deixe que passe. Só porque a bola está no seu lado da quadra não significa que você precise dar uma cortada. Deixe que caia no chão. Ninguém é obrigado a responder só porque algo foi dito.

"Só preciso dizer que..." Não, não precisa.

Não há nada que precisemos dizer. Apenas o que queremos dizer. Contudo, a quem estamos dirigindo a palavra? Estamos dizendo determinada coisa para provar um argumento? Ou falando apenas por falar?

Responsabilizar-se por sua atitude defensiva significa admitir seu impulso de apontar o dedo para os outros e decidir em vez disso assumir sua parcela de culpa. Uso a palavra "decidir" porque se trata de uma *escolha*. E a escolha é sua.

Como fazer para não ficar na defensiva:

1. Controle-se.

Evite a reação automática de sempre ter algo a dizer empregando a respiração conversacional (uma pausa de 9 segundos). Respirar devagar sinaliza para seu corpo que o que alguém disse ou fez não constitui ameaça.

2. Deixe que as palavras da pessoa caiam no vazio.

No silêncio da pausa, imagine que as palavras não chegaram aos seus ouvidos, mas caíram no chão. Resista ao impulso de "pegá-las" para atirá-las de volta. Visualizar as palavras caindo no chão lhe dá a oportunidade de considerar se vale a pena abaixar para pegá-las ou se é melhor deixar que fiquem onde estão. Caso você sinta que está ficando na defensiva, pense na frase: *Larga de mão, [seu nome]*.

3. Seja curioso.

Direcione seu foco mental para si mesmo e explore seu lado analítico. Pergunte-se coisas como: de onde isso está vindo? O que motivou a pessoa a dizer isso? Que informação estou deixando escapar? Cultive o hábito de ser curioso sobre a origem do pedido ou da afirmação.

Assim que obtiver maior autocontrole, há três estratégias que podem ser usadas com o objetivo de impedir que a outra pessoa fique na defensiva. Embora essas técnicas não sejam infalíveis, vão ajudá-lo a derrubar muros.

Eis como impedir a outra pessoa de ficar na defensiva:

1. Comece suas frases com "eu", não "você"

Iniciar suas frases com "você" (mesmo quando o pronome está implícito) automaticamente leva a outra pessoa a ficar na defensiva. Se em vez disso começarmos com "eu", evitamos acionar esse gatilho, pois o foco está em nossos sentimentos e pontos de vista, e não na ideia de que estamos acusando ou culpando alguém por alguma coisa. Além disso, é uma abordagem mais assertiva.

Por exemplo:

- Em vez de "Você vive grudado no celular", tente "Gosto de passar um tempo com você sem estarmos grudados em telas".
- Em vez de "Você não me dá valor", tente "Me senti desvalorizado porque você não respondeu".
- Em vez de "Não pode falar assim comigo", tente "Não vou continuar uma conversa nesses termos ".

2. Não inicie sua pergunta com "Por que...?"

Na maioria das situações em que questionamos alguém, "por que" soa como uma acusação. A pergunta em geral sugere transgressão, culpa ou julgamento. Aciona o gatilho de autonomia da outra pessoa. Imagine que você está dando carona a um amigo. Ao pegar um caminho diferente para a casa dele, ele franze a testa e pergunta: "Por que está indo por aqui?" Seu instinto natural seria retrucar: "Por quê? Porque sim, ora essa" Ou então pense em como crianças pequenas perguntam "Por quê?" sem parar, deixando-nos com vontade de gritar: "Porque siiim!"

Não é por perguntarem que ficamos irritados. O problema é que "por que" dá a sensação de que *você* está sendo questionado. Para resolver isso, substitua "por que" por "o que", "quando" ou "como".

- Em vez de "Por que você não levou o lixo para fora?", tente "Quando você pretende levar o lixo para fora?".

- Em vez de "Por que você fez isso desse jeito?", tente "Como você decidiu fazer desse jeito?".
- Em vez de "Por que não relaxa um pouco?", tente "O que o impede de relaxar?".

3. Primeiro, escute

Todo mundo tem um desejo entranhado de se sentir ouvido. Quando respondemos a um argumento com "Sei, mas...", isso só piora as coisas, pois passa o recado de que não prestamos atenção ao que a outra pessoa disse. E, se não demonstramos respeito, vai por mim, o favor será retribuído. Da próxima vez, toparemos com uma porta fechada e cortinas puxadas. Tente validar os sentimentos ou o ponto de vista das pessoas antes de apresentar os seus. Essa abordagem mantém o canal aberto para o diálogo.

Por exemplo:

- **Diga com o que você concorda.** Isso não significa que tenha de concordar com tudo o que os outros disserem. Pense macro, não micro. Vocês podem estar de acordo que precisam conversar, que vale a pena falar sobre determinado assunto ou que uma decisão precisa ser tomada. Por exemplo: "Concordo que vale a pena discutir esse assunto."
- **Diga o que aprendeu.** Quando afirmamos ter aprendido algo, a outra pessoa sente que ensinou algo. Contar-lhe o que você aprendeu a fará sentir que contribuiu para o diálogo e que você respeita suas ideias. Por exemplo: "Percebo que esse assunto é muito importante para você."
- **Diga como a ajuda da pessoa foi pertinente.** As pessoas gostam de ser prestativas, sobretudo quando sabem que podem ajudar. Se reconhecemos que a pessoa nos ajudou, ela tende a ficar mais aberta e disposta a colaborar. Sua receptividade impede que ela fique na defensiva. Por exemplo: "É útil saber disso."

Criar uma conexão com alguém corresponde a estar ciente dos muros que nos cercam, tanto os construídos por nós mesmos como os que foram erguidos para nos deter. Se você sentir que está começando a ficar na defensiva, faça silêncio, depois dê vazão à curiosidade; se sentir que a outra pessoa entrou na defensiva, substitua suas palavras que erguem muros por palavras que os derrubem. Isso representa uma guinada rumo a uma mentalidade de conexão, que abre espaço para mais compreensão e respeito, e menos confronto e desejo de vencer.

RESUMO DO CAPÍTULO

- Ficar na defensiva é a forma mais rápida de acabar com a conexão entre você e a outra pessoa, um sinal altamente revelador de que você está entrando em sua fase de ignição.

- A atitude defensiva, seja de que lado for, ergue um muro. Ela tanto impede a outra pessoa de nos compreender como nos impede de compreendê-la.

- Não se permita ficar na defensiva: use uma pausa longa de 5 a 10 segundos para manter sua fase de resfriamento. Imagine as palavras da pessoa caindo no chão antes de chegarem aos seus ouvidos e resista ao impulso de apanhá-las.

- Desarme a atitude defensiva da outra pessoa iniciando sua resposta por "eu", e não "você". Use frases que levem em consideração primeiro o que ela disse, em vez de já sair dando sua opinião.

- Quando aprendemos a não entrar em toda discussão para a qual somos chamados, evitamos que um muro seja erguido entre nós e a outra pessoa, preservando assim a conexão.

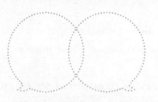

CAPÍTULO 12
Conversas difíceis

Conversar sobre um assunto complicado não é moleza. Por isso deixei este capítulo para o fim.

Há uma boa chance de você estar lendo este livro porque sua próxima conversa talvez seja uma das complicadas. Se esse é o caso, fico grato por seu interesse e por ter chegado até aqui.

Isso mostra para mim que você aceitou o desafio de romper com o círculo vicioso. Você decidiu parar de encarar discussões como disputas a serem vencidas e em vez disso as enxerga como oportunidades para compreender a pessoa por trás das palavras. Você está desenvolvendo a disciplina necessária para se conectar a ela.

A essa altura, já sabe que tudo começa com o que vai dizer a seguir.

O modo como lidamos com uma conversa difícil diz mais sobre nossa personalidade do que o próprio conteúdo da conversa. O assunto pode variar — uma separação, a demissão de um funcionário, discussões sobre finanças, enfim, abordar o elefante na sala —, mas o modo como iniciamos a conversa é a parte mais importante. Como a calmaria antes da tempestade, lembra?

Se já começamos cheios de pedras na mão, o interlocutor vai se retrair e ficar na defensiva ("Eu? Mas e você?!"). Se começamos de forma muito suave e comedida, ele vai desconfiar de nossas motivações ("O que você está tentando dizer?"). E se formos passivos e tímidos demais, pode simplesmente passar por cima de nós ("Não quero saber desse assunto.").

Uma conversa difícil fica ainda mais difícil pelos seguintes motivos:

1. Não saber aonde se quer chegar.
2. Não saber como chegar a esse ponto.

Como você reagiria se eu lhe dissesse que embarquei num avião sem saber qual era o destino? Ou que entrei no carro e saí rodando por aí sem saber para onde estava indo? Você pensaria que inspiro cuidados. Mas o equivalente disso acontece o tempo todo, em nossas conversas. Quando alimentamos a expectativa de que a conversa ocorra exatamente como se desenrolou em nossa imaginação — sem fazer a menor ideia sobre aonde queremos chegar nem como chegar —, estamos preparando o terreno para sofrer uma decepção (como abordado no Capítulo 2).

O melhor momento para eliminar a dificuldade de uma conversa difícil é antes mesmo de ela começar. A estratégia é tudo.

Sua abordagem em uma conversa difícil significará a diferença entre criar uma conexão ou perdê-la definitivamente. O que ofereço a seguir é um planejamento para criar conexão quando a comunicação parecer comprometida. (Nota: este capítulo presume que você já fez sua lição de casa nos capítulos anteriores para obter controle emocional e aprimorar sua voz assertiva.) Somente quando estivermos preparados para falar com tranquilidade e confiança estaremos prontos para falar com o intuito de nos conectar.

Eis aqui três regras para assegurar que sua abordagem seja sempre bem recebida:

1. Reserve um momento livre de distrações

Aprendi essa regra do jeito mais difícil.

Na época, ainda estava na faculdade de direito e trabalhava como assistente (um eufemismo para "estagiário", no mundo jurídico) de um dos sócios em um escritório de advocacia. Estava com dúvida em uma tarefa que ele me passara, mas me sentia constrangido de perguntar. Um dia, depois de me remoer e hesitar a manhã toda, finalmente criei coragem para ir falar com ele. Eu me levantei da mesa, atravessei o corredor e fui até a sua sala. Sem pensar, bati duas vezes na porta aberta e comecei a falar assim que entrei:

— Oi, posso perguntar uma coisa sobre a petição para... — disse eu, aproximando-me de sua mesa.

— Agora não! Fora! — exclamou, erguendo a mão esquerda com a palma virada para fora.

Dei meia-volta e saí da sala no mesmo ímpeto com que entrara. Ao passar pela porta, relanceei e percebi como ele estava concentrado digitando no computador. Morrendo de vergonha, voltei para minha mesa com as orelhas vermelhas, pegando fogo. Nunca deveria ter feito aquilo! Cerca de quinze minutos depois, escutei batidas, ergui o rosto e o vi junto à porta.

— Posso entrar? — perguntou ele.

— Claro — respondi, minhas orelhas enfim voltando à cor normal.

— Desculpe por aquilo. Estava no meio de um pensamento. Se não terminasse logo, ia perder o raciocínio. O que foi? — disse ele.

Engoli em seco e expliquei minha dúvida.

— Ah — disse ele, sorrindo. — É, sei porque você ficou confuso. Cometi um erro de digitação. Vou arrumar isso. E, da próxima vez, me mande um e-mail sugerindo uma hora pra gente conversar. Assim posso ajudar, quando eu fizer uma pausa.

O problema não era falar com ele. Mas *quando* falar com ele.

Se você precisa ter uma conversa importante, elimine os fatores externos que a complicarão ainda mais: procure um ambiente reservado e confortável, escolha um momento em que nenhum dos envolvidos esteja com pressa ou estressado, previna-se contra potenciais interrupções.

Quando forçamos alguém a conversar pensando apenas em nossa própria disponibilidade de tempo, a outra pessoa normalmente participa a contragosto desde o começo. É como estar na rodovia a mais de 100 por hora e de repente um carro mais lento entra na sua pista, obrigando você a pisar no freio. Perdemos o embalo e a concentração.

Agora inverta os papéis. Poucas coisas são mais frustrantes do que alguém tentando nos forçar a ter uma conversa para a qual não estamos preparados. Às vezes, o que dificulta a conversa é o simples fato de que não nos preparamos para ela. Ficamos mais pressionados e propensos a reações de estresse. É um efeito do gatilho da autonomia. A pessoa insiste em ter uma conversa em um momento inadequado. Como resultado, temos mais dificuldade em organizar os pensamentos, porque nossas emoções nos informam que estamos pouco à vontade. Podemos nos pegar pedindo à pessoa para repetir o que disse ou explicou. A mente não encontra um espaço limpo para trabalhar em sua mesa, metaforicamente falando.

Assim, marque um horário para discutir o assunto em questão. Eis algumas sugestões para a próxima vez que você precisar agendar uma conversa com alguém:

- "Quando seria um bom momento na sexta de manhã pra gente repassar o...?"
- "Você teria um tempinho por volta das quinze pras duas na terça para falar do...?"
- "Você está livre na quinta à noite pra gente conversar sobre...?"

Gosto de usar expressões como "disponibilidade" e "pique".

- "Você tem disponibilidade para conversar hoje à tarde sobre a pauta da reunião de segunda-feira?"
- "Está com pique para falar sobre a programação de amanhã das crianças depois que elas forem dormir?"

Elas levam em consideração tanto a disponibilidade de horário como a disponibilidade mental e emocional da pessoa. Afinal, ela pode ter tempo, mas, por algum motivo, não estar disposta a conversar no momento. Há inúmeras maneiras de perguntar. Encontre a que lhe parecer mais confortável.

O segredo é sugerir uma reunião breve ou um horário específico do dia. Mesmo que ambos estejam livres na hora, geralmente é melhor deixar para conversar mais à frente. Precisamos de tempo para pôr nossos pensamentos em ordem. Além disso é importante dar tempo para a outra pessoa se preparar. Já aconteceu de alguém aparecer na sua sala e dizer: "Ei, tem um minuto? Quer dizer, não agora, mais tarde. Queria discutir uma ideia com você." Ufa. É quase um alívio. Mais tarde está perfeito. Apenas meia hora pode operar maravilhas em assegurar que tenhamos tempo para nos preparar com calma. Assim, marque uma hora para conversarem, de preferência, por um período de tempo curto e definido.

Lembre-se de que quanto menos opções oferecemos, mais fácil é para a pessoa decidir. Se você disser simplesmente "Então, quando é um bom momento, na semana que vem?", provavelmente vai escutar "Vou verificar e aviso". E quando perceber já se passaram três semanas. Mas se estreitar o escopo, é mais fácil obter uma resposta e conseguir combinar um momento melhor para ambos. Não é uma regra rígida, mas ajuda.

A propósito, eis alguns exemplos de como *não* marcar uma conversa:

- "Preciso falar com você."
- "Tem um minuto?"
- "Está livre mais tarde?"

Mais uma vez, pense em como você se sente quando é abordado dessa forma.

Além disso, nenhum desses exemplos especifica um horário definido de fato. Embora possamos apreciar o fato de que sugerem falta de urgência, seu efeito mais pernicioso é a incerteza. *Tem um minuto para conversar?* Depende. É um assunto agradável ou desagradável, pessoal ou profissional, sério ou trivial? Cada um desses fatores influencia sua resposta. Se for para a pessoa contar algo engraçado que aconteceu com ela na noite anterior, talvez você disponha de um minuto — caso a história de fato leve apenas um minuto para ser contada. É uma grande incógnita. Normalmente, a frase "Tem um minuto?" está mais para "Tem duas horas?". Estabeleça expectativas claras para ter certeza de que o tempo requisitado para a conversa esteja à altura do que será discutido. Assuntos sérios precisam de mais tempo. Assuntos delicados precisam de mais tempo. Assuntos desagradáveis precisam de mais tempo. Ajuda você a dizer se precisa de meia hora, uma hora ou quatro horas.

Quando mostramos maior capacidade de prever e reservar o tempo que pretendemos tomar da pessoa, motivamos uma conexão melhor. Como? Porque desse modo estamos considerando o tempo para pausas intencionais, bem como para os instantes de silêncio necessários ao raciocínio e para manter a conversa dentro do período estipulado. Isso nos proporciona tempo para respirar devagar e falar mais devagar, mantendo o controle e a lucidez.

Por outro lado, se não antecipamos quanto tempo será necessário e atropelamos as palavras, corremos o risco de entrar em uma conversa com alguém mais preocupado em saber quando ela terminará do que com o assunto sendo discutido.

Lembre-se de não permitir distrações no período reservado. Não deixe o celular em cima da mesa (nem mesmo virado para baixo). Não fique com ele na mão (nem mesmo se não pretende olhar para ele). O recado que você deve transmitir é de que está exclusivamente focado na conversa.

2. Esqueça as amenidades

Imagine que você precisa demitir um membro de sua equipe. Por semanas, você tentou dar uma chance à mulher, mas agora chegou a hora de ela seguir seu próprio caminho. Você envia um e-mail: "Quando tiver um minutinho, pode vir à minha sala, por favor."

Na sua cabeça, você está achando que a conversa ocorrerá dali a algumas horas. Negativo. Cerca de dois minutos depois, a funcionária aparece na sua porta. Parece tensa. Ela sabe que seu desempenho não tem sido dos melhores, por mais que tenha se esforçado.

"Ah, oi!", diz você, com ar jovial, tossindo levemente de nervoso. "Vamos entrando, sente-se."

Após alguns segundos remexendo em coisas na sua mesa, você pega um clipe de papel para tentar disfarçar o constrangimento e pergunta:

"Como tem passado? Está gostando daqui?"

"Adorando." Ela força um sorriso. "Sinto que tenho total apoio e gosto de verdade do meu trabalho. Demorou mais do que eu imaginava, mas acho que agora estou quase pegando o ritmo."

Droga. Por essa você não esperava. Você se ajeita na cadeira, meio envergonhado. No breve silêncio que se segue, o sorriso da mulher começa a sumir conforme ela procura as próximas palavras.

Você dá um jeito de prosseguir. "Ei, hã, olha." A tensão toma conta do ambiente. "Então, andei pensando um bocado, e está é uma decisão muito difícil pra mim. Porque eu gosto de você e acho você ótima. E eu sei que tem se esforçado. Odeio dizer isso. Mas eu, bem, acho que chegou o momento de desligar você da empresa."

Os olhos dela ficam marejados na mesma hora. Você olha para o chão.

Ela diz com voz suplicante: "Mas por quê? Eu gosto daqui e…"

E a conversa que você planejou durar cinco minutos se transforma em uma reunião de uma hora e meia, que termina com você dando a ela mais duas semanas na equipe — uma decisão de que certamente se arrependerá.

Quando o tema da conversa é um assunto muito delicado, ou que será mal recebido, ficamos tentados a tornar mais leve o ambiente. A suavizar o baque. A pôr panos quentes. Normalmente fazemos isso começando por perguntar como está sendo o dia da pessoa, como vai a família dela, ou puxando algum assunto aleatório no qual nunca mostramos interesse antes ("Você gosta de plantas?" Que mico!). Você acha que está melhorando as coisas. Que está sendo gentil ou sensível.

Mas as pessoas não caem nessa.

Apesar de sua incrível atuação, as pessoas têm uma capacidade inata para pressentir ameaças. Alguma coisa parece… errada. Somos muito bons em interpretar sinais não verbais.[26] Conseguimos perceber quando somos observados. Sabemos quando alguém entrou na sala mesmo de olhos fechados. E sentimos a tensão no ar antes de uma discussão (como abordado no Capítulo 5). Basta um instante de insinceridade para nosso interlocutor imediatamente entrar na fase de ignição e ligar o alerta, preparando-se para as más notícias a qualquer momento.

A funcionária percebeu. Além de você não reservar um momento para a conversa, começou pelas amenidades. Ela já sabia que o desempenho dela estava deixando a desejar. Sabia perfeitamente sobre o que você queria falar. Sabia o motivo de estar ali. Percebeu seu constrangimento pela maneira excessiva que você se remexeu em sua mesa e se ajeitou na cadeira. Por mais inocente que fossem suas palavras ("Como tem passado?"), acabaram soando falsas. Você não estava interessado de verdade em saber como ela estava nem se gostava de trabalhar ali. Estava planejando demiti-la.

Embora aparentemente seja um comportamento inofensivo, começar a conversa com amenidades oculta alguma preocupação. Gera o efeito contrário do que esperamos: não estamos tratando a pessoa com gentileza, e sim com uma indiferença dissimulada. Não importa se o problema seja demitir alguém, tocar em uma questão delicada de relacionamento ou comunicar os sentimentos que viemos reprimindo por semanas. As pessoas querem sinceridade. Sinceridade direta, genuína. E quanto mais lhes negamos isso, mais elas sentem o fingimento em nossas palavras e pior a conexão será.

Na medida do possível, elimine perguntas desse tipo de sua estratégia para conversas difíceis:

- "E aí, como tem passado?"
- "O que anda aprontando ultimamente?"
- "Que tempo mais instável esse, hein?"

Em vez disso, seja direto e transparente desde o início. Comece explicando que tipo de conversa[27] pretende ter. Quando chegar o momento, tente algo como:

- "Isso não vai ser fácil de escutar."
- "Tenho más notícias."
- "Sei que não vai gostar do que vou dizer."
- "Isso pode ser um choque para você."

Ou, para uma conversa complicada ou delicada, tente o seguinte:

- "Isso não vai ser agradável para nenhum de nós."
- "Tenho um assunto chato para falar."
- "Essa conversa não vai ser fácil."

Um simples "Precisamos ter uma conversa difícil" também funciona bem.

Frases como essas devem ser o ponto de partida da conversa. Ou, pelo menos, é o que deve dizer após: "Obrigado por encontrar um tempo para falar comigo." Uma abordagem desse tipo é mais direta e honesta. E ainda que pareça causar ainda mais desconforto ou ansiedade, também é mais generosa. A pessoa não precisa ficar tentando adivinhar, debatendo-se com uma incógnita.

Vejamos como uma conversa mais direta com a funcionária poderia ter sido:

"Agradeço por ter vindo", você começa.

Ela se senta.

Você a encara e diz calmamente: "Isso não vai ser fácil de escutar."

Após aguardar um segundo para ela se preparar para sua próxima frase, você continua: "Vou ter que dispensar você."

Ela assente.

"Apreciamos seu período aqui, e tenho grandes expectativas para os rumos que sua carreira pode tomar."

Você encerra com um sorriso amistoso.

"Entendo", ela responde, visivelmente decepcionada. "Obrigada pela oportunidade."

Volto a repetir: ser transparente é ser atencioso. Elimina a ambiguidade e a ansiedade que causam o clima ruim de uma conversa difícil, permitindo que ambos se conectem à realidade da situação. Quando possibilitamos que a outra pessoa receba as más notícias com dignidade, isso fortalece a capacidade dela de lidar com os fatos e a capacita a reagir de forma mais madura.

3. Comece pelo fim pretendido

Quando estiver tendo uma conversa difícil, comece com sua conclusão. Em outras palavras, imagine que você está fazendo uma apresentação e chega ao fim, a parte em que diz *"Concluindo"*. Transfira tudo que você diria depois disso para o *início* da conversa.

Vamos supor que você esteja em uma reunião e apresente a seguinte ideia: "Ok, então estamos todos de acordo que o cliente deve se sentir à vontade quando se aproximar do balcão, certo? Bom, andei pensando, e me corrijam se estiver errado, mas é muito comum complicarmos demais a experiência do cliente e basicamente presumir que as pessoas não sabem o que querem, não é? Tá, esperem um pouco. Quando estava no carro, vindo para cá, me ocorreu o pensamento mais aleatório, sei lá por que, mas enfim. O que quero dizer com isso tudo é que a gente deveria simplificar completamente nossa abordagem e promover uma atmosfera mais acolhedora assim que o cliente pisar na recepção".

Eita.

Está vendo como você só fez ideia de onde queria chegar ou do que esperava conseguir quando encerrou o que tinha a dizer?

Seu público se perde em pensamentos. As pessoas escutam você dizer "no carro, vindo para cá" e mergulham em um labirinto, pensando no que se passava pela cabeça delas quando estavam no carro a caminho do escritório. *Preciso experimentar aquele restaurante italiano que vi hoje de manhã, quando estava vindo para cá. Aliás, falando em comida, será que falta muito para o almoço? O que eu deveria comer? Ontem comi lasanha...*

E, como num passe de mágica, não há mais ninguém na sala com você. As pessoas estão relembrando o passado ou vivendo o futuro, tudo menos se ocupando do presente.

Vejamos o que acontece quando passamos o fim para o começo.

Você apresenta sua ideia na reunião. "A gente deveria criar um ambiente mais acolhedor na recepção. Se a entrada for um espaço convidativo, é provável que o cliente se sinta mais à vontade quando se aproximar do balcão."

Só isso.

Agora é impossível seu público se perder. Ninguém está pensando em macarrão. Você foi direto ao ponto e completou seu raciocínio.

Essa técnica também funciona na comunicação escrita. Combinada à eliminação das amenidades e justificativas, propicia uma situação muito melhor. Imagine que você precisa rejeitar o convite para uma festa. Qual das duas recusas soa melhor?

- **Versão 1:** Oie! Beleza, mil desculpas, mas é que tive *taaanta* coisa pra resolver hoje e tenho andado superestressado. Ainda nem almocei haha. Meu cachorro teve uma reação alérgica por causa de alguma coisa que comeu e está meio estranho. Estou preocupado. Me sinto péssimo, mas talvez não consiga ir hoje à noite. Obrigado por se lembrar de mim, e, se as coisas melhorarem, pode deixar que eu aviso com certeza!
- **Versão 2:** Tive más notícias e por isso não vou conseguir ir hoje à noite. Obrigado pelo convite. Espero que a festa seja ótima!

A primeira versão não aparenta ser sincera. Apesar de suas tentativas de não ferir os sentimentos da pessoa, você escreveu tanta coisa que deixa o verdadeiro assunto que queria discutir a cargo da interpretação dela. Quanto mais palavras usamos, mais parece que estamos mentindo. É capaz de você receber uma resposta sarcástica, como: "Diz logo que não quer vir."

A segunda versão vai direto ao ponto e por isso soa mais sincera. Mostra respeito a você e ao destinatário.

Essas estratégias nos ajudam a iniciar conversas difíceis. Mas como sermos mais abertos quando alguém inicia uma conversa difícil conosco?

O que significa ser um "espaço seguro"?

Alguns meses atrás, meu filho de 6 anos entrou na sala de casa com a cabeça baixa e as mãos cobrindo a barriga.

— Pai? — chamou ele.

— O que foi, amigão? — perguntei.

— Fiz uma coisa ruim — respondeu ele, tirando as mãos para me mostrar um buraco de 5 centímetros na sua camiseta nova.

— O que aconteceu?

Ele voltou a olhar para o chão.

— Eu só queria ver se a minha tesoura ia cortar a camisa.

Tentei segurar a risada.

— Bom, o que você descobriu?

Ele suspirou fundo.

— Que ela corta mesmo.

— É, concordo. Obrigado por me contar. — Trocamos um *high five*. — Agora que sabemos que sim, melhor não fazer isso outra vez, certo?

Ele respondeu com um sorriso:

— Tá.

Quando alguém o procura para ter uma conversa difícil a respeito de algo que vai chatear ou magoar você, o modo como reagimos determina se a pessoa voltará a procurá-lo no futuro se algo parecido acontecer. Proporcionar condições para que as conversas difíceis aconteçam começa pelo modo como recebemos a informação. A seguir, eis algumas frases para ajudá-lo a assegurar que um espaço seguro seja criado logo de cara:

- "Fico feliz por ter vindo me contar."

Você está comunicando que reconhece que a pessoa pode escolher em quem confiar e com quem compartilhar informações. Demonstrar gratidão e respeito pela decisão de procurar você acaba por favorecer a criação de uma conexão.

- "Obrigado por me contar."

Essa resposta reconhece o esforço necessário para ela vir até você e mostra que você compreende que às vezes não é fácil se abrir e ser sincero.

- "Agradeço por me dizer o que pensa."

Independentemente de que lado estejamos na questão, o ponto de vista da outra pessoa nos informa uma perspectiva que é possível que não estivéssemos enxergando.

Conversas difíceis, apesar do rótulo, são sua maior oportunidade de se conectar à outra pessoa. Enfrentar uma dificuldade e superá-la juntos aproxima vocês, aprofundando e fortalecendo a conexão. Mas as frases abaixo podem ter o efeito oposto:

- "Sei pelo que está passando."
- "Meu dia também foi complicado."
- "Já aconteceu uma coisa parecida comigo."

Estamos inclinados a dizer esse tipo de frase como uma maneira de criar um ponto de contato com as outras pessoas, de criar conexão. Na maioria das vezes, porém, o que na verdade estamos fazendo é atrair o foco para nós mesmos. Não damos oportunidade para que compartilhem, desabafem e expressem suas frustrações. Fazer a conversa girar em torno de si, por mais bem intencionado que seja, só serve para *romper* a conexão. Em vez de se colocar imediatamente no centro da conversa, tente este método:

1. Faça apenas uma pergunta. Você pode fazer mais perguntas, claro, mas fazer apenas uma faz toda a diferença. A pergunta pode ser simples: "Como está se sentindo hoje?", ou "O que você pensa sobre isso?" Questões abertas como essas mantêm o foco na outra pessoa, permitindo que ela continue a estabelecer uma conexão com você.

2. Se ainda assim você pensar em algo que vale a pena ser dito, peça permissão. Pode ser algo tão simples como: "Você se incomoda se eu contar mais uma coisa?" Como você já demonstrou interesse no passo anterior, querendo saber mais do que a pessoa tem a dizer, é provável que ela responda afirmativamente e se mostre mais aberta para o que você tem a dizer.

3. Em vez de dizer à pessoa o que ela deve fazer ou o que você faria se estivesse no lugar dela, pergunte: "Posso contar a

você o que descobri?" As pessoas são muito mais receptivas a ouvir o que você aprendeu por experiência própria e não apreciam sentir que alguém está querendo lhes dar ordens ou bancar o sabichão.

Quando alguém se abre com você e começa uma conversa difícil, ofereça um espaço seguro para ela. Isso não significa necessariamente bancar o alegre e positivo. Essa atitude não seria sincera. Significa apenas que a pessoa precisa se sentir suficientemente em segurança para se comunicar sem medo.

Você não precisa fingir que a conversa vai ser fácil. Como vimos no Capítulo 1, são as conversas difíceis e os conflitos que oferecem a oportunidade de melhorar os relacionamentos. Dificuldades sempre vão ocorrer. Aceite esse fato sem reservas. Quanto mais você espera aprofundar o relacionamento com alguém, mais profunda deve ser sua tolerância para uma conversa difícil.

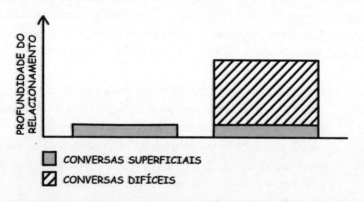

O segredo é usar as conversas para aprofundar a conexão. Seguindo esses métodos, podemos eliminar a dificuldade antes mesmo de abrir a boca. Seja proativo. Procure a pessoa e marque hora e lugar para ter a conversa difícil. Quando o papo começar, pule as amenidades e vá diretamente ao ponto. Parta de sua conclusão, a fim de evitar confusões e deixar explícito o objetivo que deseja alcançar. E quando os papéis se inverterem e outra pessoa o procurar para ter uma conversa difícil, aja como gostaria que agissem com você. Ofereça um espaço seguro.

Usados com sabedoria, esses passos podem fazer da sua próxima conversa uma oportunidade para a conexão.

RESUMO DO CAPÍTULO

- O melhor momento para eliminar a parte "difícil" de uma conversa difícil é antes mesmo de ela começar.

- Quando precisar discutir um assunto complicado ou delicado, marque um horário livre de distrações para falar com a outra pessoa. Não force a conversa para acomodá-la da maneira mais confortável para você na sua agenda.

- Procure não começar por amenidades que fiquem rodeando a questão, pois isso não será visto como algo sincero. Em vez disso, seja direto. Ser direto é ser atencioso e preserva sua credibilidade. Para isso, parta da sua conclusão, o ponto principal.

- Conversas difíceis, apesar do nome, são uma das melhores oportunidades para se conectar com outra pessoa. Enfrentar e superar um desafio juntos aproxima vocês, aprofundando e fortalecendo a conexão.

Posfácio

Subindo os frios degraus de granito que conduziam ao antigo fórum do Texas, atravessei o longo corredor e abri as portas duplas da sala do tribunal. Ao entrar, parei brevemente e fiz uma checagem mental conforme esquadrinhava o lugar.

Vi o juiz em sua cadeira contando uma história em voz alta para o oficial de justiça e a estenógrafa. Bom. Em um canto da sala avistei os três advogados de acusação sussurrando entre si. Bom. Vi minhas pastas e anotações sobre a mesa da defesa e, atrás dela, a cadeira do meu cliente.

Vazia. Nada bom.

Olhei de um lado para o outro. Onde ele se enfiara? Chamei o juiz e perguntei se ele poderia aguardar 5 minutos antes de começarmos. Ele fez que sim com a cabeça e voltei a empurrar as enormes portas duplas. O único som que se ouvia eram os ecos dos meus sapatos sociais contra o piso de mármore dos corredores conforme saía a sua procura.

O nome do meu cliente era Clemon Lee. E Clemon Lee não tinha celular. Zelador de uma escola primária, aos 61 anos ele seguia uma rotina avessa a mudanças. O telefone fixo em casa a seu ver era suficiente. Liguei. Nada. O desespero começou a bater.

Finalmente, quando começava minha terceira ronda, avistei-o sentado em um banco no fim de um corredor. Andei mais devagar e o chamei, sorrindo.

— Senhor Lee? Tudo bem?

Ele não respondeu.

Com as pernas e os braços cruzados, ele fitava o chão. Vestia um terno bege surrado com gravata vermelho-escura, sua camisa branca estava amarelada de tão encardida. Eu sabia, de uma conversa anterior, que aquela era sua roupa de domingo. Era o único terno que possuía.

Quando sentei a seu lado, voltei a perguntar:

— Tudo bem, senhor Lee?

Após um momento, ele respondeu com voz fraca:

— Não vão gostar de mim.

— Como assim? — perguntei.

— Não sei falar bem. Vão pôr palavras na minha boca. Não levo jeito pra isso — falou ele.

Parecia compreensivelmente preocupado.

É normal que as pessoas fiquem nervosas em tribunais. São doze jurados acompanhando cada movimento da pessoa, um juiz de toga preta o observando do alto de sua cadeira e um advogado contratado pela outra parte que não vê a hora de questionar sua credibilidade.

— Olhe pra mim, Clemon. Eu pareço nervoso? — perguntei.

Ele fez que não vagarosamente com a cabeça.

— Você fez alguma coisa errada?

Mais uma vez, ele balançou negativamente a cabeça.

E de fato não fizera. Fora atingido por outro motorista. A responsabilidade pelo acidente era indiscutível. Mesmo assim, a verdade dos fatos e a conscientização dos envolvidos são duas coisas bem diferentes.

— Então tudo bem — falei. — Vamos ensaiar outra vez.

Repassei rapidamente os procedimentos que ele deveria realizar antes de sentar no banco das testemunhas ou quando precisasse fazer uma pausa para manter as emoções sob controle. Praticamos uma sessão de respirações conversacionais para ele acalmar a mente antes de falar no microfone que estaria a sua frente. O que ele mais precisava era se sentir confiante. Ter a segurança de que o júri veria alguém que não tentava ser outra coisa além de quem ele realmente era.

Nos meses que antecederam o julgamento, havíamos elaborado algumas frases curtas para deixá-lo preparado para esse momento.

— Quando subir ao banco das testemunhas, quem você vai ser? — perguntei, começando a me levantar.

— Apenas Clemon Lee — respondeu ele, descruzando os braços e ficando de pé ao meu lado.

Sorri.

— Isso mesmo. E se o advogado tentar discordar, você terá a oportunidade de fazer o quê?

— Corrigir o que ele disse — respondeu ele conforme começávamos a voltar à sala do tribunal.

— Exato — falei. — E se não tiver certeza sobre como responder, qual vai ser a primeira coisa a sair de sua boca?

Com um largo sorriso, ele respondeu exatamente como já tínhamos ensaiado:

— Minha respiração.

— Está melhor? — perguntei.

Ele respondeu com confiança:

— Estou, vai dar bom.

Pondo a mão em seu ombro, empurrei as portas duplas mais uma vez.

Esta é a parte em que preciso deixar que você passe por suas próprias portas.

Como disse Clemon Lee, "vai dar bom".

E vai mesmo.

No decorrer deste livro, você não aprendeu apenas o que dizer; aprendeu *como* dizer; aprendeu diferentes maneiras de enxergar a comunicação que ocorre a sua volta. Isso significa que vai começar a escutar as coisas de um modo diferente de antes. Você vai ler as mensagens e os e-mails das pessoas e observar as palavras, frases e interjeições que atrapalham o que querem dizer. Vai ser mais deliberado e claro no que escreve.

Também vai perceber que se sente mais calmo e resiliente da próxima vez que tiver uma discussão. Não é por acaso. Você conquistou isso com método e prática, aplicando as lições dos doze capítulos deste livro. Aprendendo a usá-las para saber como *falar com controle, falar com confiança e falar para se conectar*, você agora dispõe de um conjunto de ferramentas e estratégias que podem ajudá-lo a enfrentar qualquer conflito.

Vou encerrar como começamos. O que suas palavras dizem sobre quem você é? Torço para você conseguir fazer com que as coisas que diz e como diz se tornem um legado para sua família. Um legado de quem você quer ser e de como quer ser lembrado. Uma nova vida. Um novo você.

Agora faça da sua próxima conversa aquela que mudará tudo.

Versão de 47 segundos

No espírito do que me trouxe até aqui, se tivesse de condensar estas páginas em um vídeo de 47 segundos para postar nas redes sociais, seria mais ou menos assim:

- **Número 1:** Nunca tente vencer uma discussão, pois você tem mais a perder do que a ganhar. Quando calibramos nossas reações antes de responder, mantemos a cabeça lúcida e a mente calma.

- **Número 2:** A autoconfiança não é uma atuação, mas um resultado. Use palavras e frases breves que atendam suas necessidades e protejam seus valores sem medo de decepção. Ao adotarmos a voz assertiva, abrimos caminho para mais mudanças positivas em nossa vida.

- **Número 3:** Não fique preocupado em mudar completamente um relacionamento. Concentre-se em mudar sua conversa seguinte. Quando estruturamos a conversa como algo a aprender, e não como algo a provar, eliminamos as dificuldades de criar conexão.

Tente isso e me siga!

Os próximos passos

Não tenho palavras para lhe agradecer por ler meu livro. Se você me segue nas redes sociais e está aqui — olá novamente, sou eu. Obrigado por ter me pedido para escrever este livro. Obrigado por acreditar no meu trabalho e nesta mensagem por um mundo melhor.

Agora você está pronto para a sua próxima conversa. Que tal também dar os próximos passos?

Quero que acesse o site em inglês: **thenextconversation.com/ newsletter**

Se você gostou de *Discuta menos, dialogue mais*, minhas anedotas e conclusões, vai gostar da minha newsletter gratuita, na qual compartilho dicas fáceis de comunicação e práticas para você começar bem a semana. Além disso, saberá em primeira mão de meus novos projetos e textos, e terá acesso antecipado a todos os eventos em que eu estiver palestrando. Se está à procura do seu próximo passo, esse é o primeiro a ser dado.

E se quiser dar dois passos, será sempre bem-vindo a minha comunidade on-line. Nela você encontrará uma biblioteca com todos meus conteúdos: vídeos sob demanda, roteiros para baixar, aulas ao vivo. Acesse o link em inglês: **thenextconversation.com/member**

Confidencialidade advogado-cliente: narcisistas e *gaslighting*

Não, isto não é uma relação entre advogado e cliente de verdade, tampouco se trata de informação privilegiada, legalmente falando. Mas há alguns conselhos confidenciais que quis reservar para quem realmente precisa: como lidar com narcisistas e *gaslighting*. Trata-se de um dos meus conteúdos on-line mais procurados, e por uma boa razão. Esses tipos de personalidade e comportamento são tóxicos, e saber o que dizer quando somos vítimas deles pode muitas vezes representar a diferença entre se manter são ou prejudicar sua saúde mental.

Por isso, criei um capítulo bônus oculto sobre as ferramentas de comunicação de que você vai precisar para brigar por seu ponto de vista da próxima vez que estiver sob ataque.

Você pode baixar o capítulo completo aqui: http://thenextconversation.com/bonuschapter

Agradecimentos

Grande parte disto tudo não existiria sem Sierra.

Vocês ainda não foram apresentados, mas ela está aqui. Por trás de cada página que leu, de cada vídeo e palestra, houve um sacrifício de minha esposa ao assumir mais do que a sua parte na criação de nossos dois filhos pequenos. Ela diria que não é nada. Sei que é muito. Qualquer pai sabe que é. Sierra também é advogada e tem uma carreira de sucesso. Mesmo assim, de alguma forma, cuida de tudo. E se não tivesse feito isso para que eu pudesse compartilhar esta mensagem, não haveria nada disto, muito menos este livro.

Considero-me um bom e sólido produto com a qualidade de um Windows 98 — mas um pouco mais lento na resposta. Sierra é o Apple MacBook Pro mais recente com um processador poderoso. Pensa dez vezes mais rápido que eu. Brigamos? Sem dúvida. Temos as mesmas dificuldades de comunicação que qualquer outro casal? Pode apostar que sim. E na última década, vai por mim, tornei-me uma pessoa melhor por isso. Ela foi uma das pessoas que me ajudou a me moldar. Quando comecei a postar os vídeos, concordamos que ela e as crianças deveriam ficar fora das redes sociais. Sierra pode estar em segundo plano, mas é minha primeira leitora e principal apoio.

Quero apenas que saiba do seguinte: independentemente do que sou, ela é melhor.

Também sou grato a meus pais, David e Sherlyn, não apenas pelo modo como me criaram, mas também por serem quem são e pela luz que trazem às pessoas que têm a sorte de conhecê-los.

Agradeço a Deus por sua bondade e por ouvir as orações de meus pais que clamavam sabedoria e discernimento em minha vida. Que as palavras deste livro levem as pessoas a verem mais do Senhor e menos de mim.

Agradeço o apoio de minha família e meus amigos. A meus irmãos, por me fazerem sentir como se tivesse andado na lua e ainda me chamarem de Bubba. Sou grato a meu melhor amigo, Matt, que me manteve firme quando me senti sobrecarregado durante essas grandes mudanças em minha vida. A minha sogra, Sunee, cujas conversas sempre terminavam com uma lição. E a minha família na Fisher Firm, especialmente Liz, cujo apoio e paciência são tudo para mim.

Também quero mostrar meu reconhecimento e minha gratidão à equipe da Civility, que sem hesitar mergulhou de cabeça e me ajudou a dar vida a este livro e a esta missão. Sou grato por seu apoio, entusiasmo e sua confiança.

Quando meus seguidores começaram a pedir um livro, eu não fazia ideia por onde começar. Felizmente, Deus colocou pessoas maravilhosas no meu caminho para me ajudar a trazer esta mensagem até você.

Agradeço a Tess Callero, minha agente literária, que, com paixão e intelecto de sobra, foi simplesmente maravilhosa em me explicar como funciona uma publicação tradicional. Nunca duvide do poder de um simples e-mail: este livro é a prova viva.

A Jacob Surpin, meu editor na TarcherPerigee, e Pippa Wright, minha editora no Reino Unido, por confiarem e me incentivarem a manter a autenticidade da minha voz. Obrigado a toda a equipe da Penguin Random House, incluindo Lota Erinne, Lindsay Gordon, Farin Schlussel, Neda Dallal, Katie Macleod-English, Casey Maloney, Lillian Ball e Viviana Moreno, e a Megan Newman, Tracy Behar e Marian Lizzi por serem os fiéis paladinos deste livro desde o primeiro dia.

A Blake Atwood, meu *coach* literário, que foi a minha casa e jantou com minha família para assegurar que os leitores enxergassem minha alma nestas páginas. Quando arregacei as mangas, ele arregaçou as dele.

A Janis Ozolins, que insuflou vida e personalidade aos temas de cada capítulo com suas ilustrações brilhantes.

A Pete Garceau, pelo design incrível da capa deste livro.

E, finalmente, a Jett e Ruby.

Um dia, quando lerem este livro pela primeira vez, quero que saibam que nada no mundo se compara à alegria de ser seu pai. Amo vocês.

Notas

Capítulo 4: Autocontrole

1 Laurie K. McCorry, "Physiology of the Autonomic Nervous System", *American Journal of Pharmaceutical Education* 71, n.º 4 (2007): 78.

2 "Understanding the Stress Response", Harvard Health Publishing, 3 abr. 2024, https://www.health.harvard.edu/staying-healthy/understanding--the-stress-response.

3 Amy F. T. Arnsten, "Stress Signalling Pathways That Impair Prefrontal Cortex Structure and Function", *Nature Reviews Neuroscience* 10, n.º 6 (2009): 410-22, https://doi.org/10.1038/nrn2648.

4 A discussão sobre gatilhos neste capítulo não se refere à definição mais clínica de "gatilhos de trauma", que se referem especificamente a algo que evoque ou relembre um trauma por meio da visão, do som ou outros estímulos. Ela trata na verdade do termo mais geral usado em comunicação para descrever palavras que provoquem uma forte reação emocional, em geral levando a uma escalada de acusações ou a reações intensas.

5 Para uma discussão mais aprofundada sobre os gatilhos do estresse infantil e estratégias para os pais, recomendo o livro da dra. Becky Kennedy, psicóloga clínica: *Good Inside*.

6 Brianna Chu et al., "Physiology, Stress Reaction", StatPearls, 7 maio 2024, https://pubmed.ncbi.nlm.nih.gov/31082164.

7 Maayan Katzir e Tal Eyal, "When Stepping Outside the Self Is Not Enough: A Self-Distanced Perspective Reduces the Experience of Basic but Not of Self-Conscious Emotions", *Journal of Experimental Social Psychology* 49, n.º 6 (2013): 1089-92, https://doi.org/10.1016/j.jesp.2013.07.006; Jessica L. Tracy e Richard W. Robins, "Putting the Self into Self-Conscious Emotions: A Theoretical Model", *Psychological Inquiry* 15, n.º 2 (2004): 103-25, https://doi.org/10.1207/s15327 965pli1502_01.

8 Chu-Hsiang (Daisy) Chang et al., "Core Self-Evaluations: A Review and Evaluation of the Literature", *Journal of Management* 38, n.º 1 (2011): 81-128, https://doi.org/10.1177/0149206311419661.

9 Richard M. Ryan e Maarten Vansteenkiste, "Self-Determination Theory: Metatheory, Methods, and Meaning", in *The Oxford Handbook of Self-*

-Determination Theory, ed. Richard M. Ryan (Oxford University Press, 2023), 3-30; Jon L. Pierce e Donald G. Gardner, "Self- Esteem Within the Work and Organizational Context: A Review of the Organization--Based Self-Esteem Literature", *Journal of Management* 30, n.º 5 (2004): 591-622, https://doi.org/10.1016/j.jm.2003.10.001; Steven Hitlin, "Values as the Core of Personal Identity: Drawing Links Between Two Theories of Self", *Social Psychology Quarterly* 66, n.º 2 (2003): 118-37, https://doi.org/10.2307/1519843.

10 John H. Harvey e Eric D. Miller, "Toward a Psychology of Loss", *Psychological Science* 9, n.º 6 (1998): 429-34, https://doi.org/10.1111/1467-9280.00081.

Capítulo 5: Controle o momento

11 Alan Fogel, "Waiting to Exhale", *Psychology Today*, 27 set. 2010, https://www.psychologytoday.com/ca/blog/body-sense/201009/waiting-to--exhale.

12 Carolyn Farnsworth, "What to Know About Nose Breathing vs. Mouth Breathing", *Medical News Today*, 20 nov. 2023, https://www.medicalnews-today.com/articles/nose-breathing-vs-mouth-breathing.

13 Também conhecido como suspiro cíclico, uma técnica popularizada pelo dr. Andrew Huberman e seu podcast, *Huberman Lab*. recomendo os episódios "Tools for Managing Stress & Anxiety" (mar. 2021) e "How to Breathe Correctly for Optimal Health, Mood, Learning & Performance" (fev. 2023). Para os dados, ver Melis Yilmaz Balban et al., "Brief Structured Respiration Practices Enhance Mood and Reduce Physiological Arousal", *Cell Reports Medicine* 4, n.º 1 (2023): 100895, https://doi.org/10.1016/j.xcrm.2022.100895; e Deni Ellis Béchard, "The Huberman Effect", *Stanford Magazine*, jul. 2023, https://stanfordmag.org/contents/the-huberman-effect.

14 Noma Nazish, "How to De-Stress in 5 Minutes or Less, According to a Navy SEAL", *Forbes*, 10 dez. 2021, https://www.forbes.com/sites/noma-nazish/2019/05/30/how-to-de-stress-in-5-minutes-or-less-according-to-a--navy-seal/.

15 Samantha K. Norelli, Ashley Long e JeffreyM. Krepps, "Relaxation Techniques", StatPearls, 28 ago. 2023, https://www.ncbi.nlm.nih.gov/books/NBK513238/.

16 Marc A. Russo, Danielle M. Santarelli e Dean O'Rourke, "The Physiological Effects of Slow Breathing in the Healthy Human", *Breathe* 13, n.º 4 (2017): 298-309, https://doi.org/10.1183/20734735.009817.

17 Kristen A. Lindquist, Jennifer K. MacCormack e Holly Shablack, "The Role of Language in Emotion: Predictions from Psychological Constructionism", *Frontiers in Psychology* 6 (2015): 444, https://doi.org/10.3389/fpsyg.2015.00444.

Capítulo 7: Voz assertiva

18 Joylin M. Droney e Charles I. Brooks, "Attributions of Self-Esteem as a Function of Duration of Eye Contact", *Journal of Social Psychology* 133, n.º 5 (1993): 715-22, https://doi.org/10.1080/00224545.1993.9713927.

19 William T. O'Donohue e Jane E. Fisher, eds., *Cognitive Behavior Therapy: Applying Empirically Supported Techniques in Your Practice*, 2.ed. (John Wiley & Sons, 2008), 27.

Capítulo 8: Pessoas difíceis

20 Cleveland Clinic, "Dopamine", 23 mar. 2022, https://my.clevelandclinic.org/health/articles/22581-dopamine.

Capítulo 9: Limites

21 Devin J. Rapp, J. Matthew Hughey e Glen E. Kreiner, "Boundary Work as a Buffer Against Burnout: Evidence from Healthcare Workers During the COVID-19 Pandemic", *Journal of Applied Psychology* 106, n.º 8 (2021): 1169-87, https://doi.org/10.1037/apl0000951.

Capítulo 10: Molduras

22 Barry Schwartz, *The Paradox of Choice: Why More Is Less* (Harper Perennial, 2005), 144.

Capítulo 11: Ficando na defensiva

23 Eddie Harmon-Jones e Judson Mills, "An Introduction to Cognitive Dissonance Theory and an Over- view of Current Perspectives on the Theory", in *Cognitive Dis- sonance: Reexamining a Pivotal Theory in Psychology*, 2.ed., ed. Eddie Harmon-Jones (American Psychological Association, 2019), 3-24, http://www.jstor.org/stable/j.ctv1chs6tk.7.

24 Jessica Koehler, "Decoding the Fundamental Attribution Error", *Psychology Today*, 27 mar. 2023, https://www.psychologytoday.com/us/blog/beyond-school-walls/202303/decoding-the-fundamental-attribution-error. Embora os acadêmicos possam divergir quanto à certeza do conceito, não tomo partido no debate. O que sei, porém, é que os efeitos do fenômeno certamente influenciam a comunicação.

25 Raymond S. Nickerson, "Confirmation Bias: A Ubiquitous Phenomenon in Many Guises", *Review of General Psychology* 2, n.º 2 (1998): 175-220, https://doi.org/10.1037/1089-2680.2.2.175.

Capítulo 12: Conversas difíceis

26 Anna Esposito, "The Amount of Information on Emotional States Conveyed by the Verbal and Nonverbal Channels: Some Perceptual Data", in *Progress in Non-linear Speech Processing*, eds. Yannis Stylianou, Marcos Faundez-Zanuy e Anna Eposito (Springer-Verlag, 2007), 249-68, https://doi.org/10.1007/978-3-540-71505-4_13.

27 Em *Never Split the Difference*, de Chris Voss e Tahl Raz, os autores se referem a essas afirmações como "auditorias de acusação". Recomendo esse livro como mais um ótimo exemplo de como lidar com conversas delicadas e empatia tática.

Índice

Observação: Os números de página em itálico indicam fotografias ou ilustrações.

acusações, 44, 196-197
adolescentes, 38-39
afirmações, 97, 98
agenda para conversas, 179-181, 182-183
agendamento de conversas, 200-204
agressividade, 35, 39, 75-76, 84, 119, 133, 139, 176
ambiente de mídia, 104. *Veja também* mídia social
ambiguidade, 207
ameaças à identidade pessoal, 77-79, 188
ameaças, 69, 74, 94. *Veja também* gatilhos físicos; gatilhos psicológicos
amígdala, 71
análise forense, 185
argumentos "vencedores", 35-38, 69, 72, 80
ansiedade
  e conversas difíceis, 207
  e estruturas para conversas, 176, 184
  e pausas na conversa, 104
  e táticas de conversação, 94
  e técnicas de respiração, 89
  Veja também medo
assertividade
  e confiança, 118-119
  e controle de suas emoções, 117-118

  e conversas pequenas, 99-100
  e tom verbal, 133-136
  e tom, 133-136
  uso da voz assertiva, 119-134
ataques pessoais, 69, 122, 140-141, 182, 187
atenção plena, 93
atenção, 173-174, 183
autenticidade, 16, 20, 53, 55, 139-140, 159, 227
autoconfiança. Veja confiança
autoconsciência, 58, 69, 73
autocontrole
  e conscientização, 90-97
  e conversas bobas, 96-100, 97
  e estabelecimento de limites, 165
  e fisiologia do conflito, 72-74
  e gatilhos, 74-80
  e manter as conversas no rumo certo, 183
  e o valor de fazer uma pausa, 114
  e preparação para discussões, 82-84
  e processo de análise rápida, 90-97
  e progressão de argumentos, 68-72
  e respirar antes de falar, 84-87
  e respirar durante a conversa, 87-90

e ritmo das conversas, 102-104, 104-108, 108-113

autocuidado, 163-164

autovalorização/respeito

aplicação do filtro "Vale a pena?", 152-154

e conversas com pessoas difíceis, 140

e estabelecimento de limites, 163-165

e subestimar, 129-130

e voz assertiva, 123-126, 133-135, 134

cadência da fala, 135

calma, 82-83, 100

cenários de disparo, 204-208

chamado à ação, 17

clareza na comunicação

e conversas bobas, 100

e conversas com pessoas difíceis, 145

e estabelecimento de limites, 167

e estruturas para conversas, 180

e planejamento para conversas difíceis, 207

e progressão de argumentos, 69

e respirar antes de falar, 86

e voz assertiva, 121, 125-126

colaboração, 155, 169

compaixão, 139. *Veja também* empatia

competição na comunicação, 35-38, 36

compromisso com as conversas, 178-179, 184

comunicação errônea, 54-56, 192-193

comunicação escrita, 192-193, 209. Veja também e-mail; mensagens de texto

conexão

descrição, 56-57

e confiança, 60-62

e conversas bobas, 99-100

e desafios da comunicação eletrônica, 54-55

e espaço seguro para conversas, 210-212

obstáculos para, 57-61

três regras para, 22

confiança

e conversas bobas, 100

e estabelecimento de limites, 160-161

e graça, 61-62

e honestidade na comunicação, 61

e preparação para um processo legal, 215-216

e subestimar, 129-131

e voz assertiva, 118-119, 119, 121-123, 127-128, 130, 133-134

configurações de teste, 21, 37, 111-112, 215-216

configurações para conversas, 200-204

conflito

como uma oportunidade, 38

e conversas com pessoas difíceis, 139-140

e desafio das conversas, 38-39

e o valor de fazer uma pausa, 107-108

fisiologia da, 71-72, 72-74, 79-80

conscientização, 57-58, 90-97

consequências, 168-169, 170

contato visual, 134-135

contra-interrogatórios, 13, 96, 185-187, 215-216

conversa fora do tópico, 175

conversas difíceis

concentrar-se na conclusão, 208-209, 212-213

criar tempo para, 200-204

dispensar os gracejos, 204-208, 212

espaço seguro para, 209-213

planejamento para, 199-200

conversas bobas, 96-100, 97, 97-100

conversas de acompanhamento, 44-45

córtex pré-frontal, 71

credibilidade, 122, 126, 132

crianças, comunicando-se com, 25, 25-26

cura de relacionamentos, 45

curiosidade, 195-196

defendendo a si mesmo, 123-125

defender-se, 140-146, 183, 188

defensiva

    combate, 193-197

    e conversas bobas, 100

    e fases das discussões, 69

    e fisiologia do conflito, 79

    e manter as conversas no caminho certo, 182

    e planejamento para conversas difíceis, 199

    em ambientes de tribunal, 185-187

    impacto na ligação, 187-188

    paredes criadas por, 188-189, 197

    resposta de luta ou fuga, 71-72, 73

depoimentos, 13, 27-30, 31-34, 84-84, 86, 102-104, 110, 111

desacordos, 37, 56-57, 73, 140, 151-156

desculpas

    e a depreciação de si mesmo, 129-130

    e dinâmica emocional do conflito, 44

    e estabelecimento de limites, 160-161

    e metas para conversas, 47-48

    e o emprego de pausas, 111

    e objetivos do texto, 23

    e poder da próxima conversa, 45

    e visão competitiva dos argumentos, 37

    e voz assertiva, 123-124

    manter as conversas no rumo certo, 182

    resistir a desculpas ruins, 145-148

desculpas condicionais, 147

desculpas esfarrapadas, 145-146

desculpas sem empatia, 146

desculpas tóxicas, 147-148

desculpas, 145, 147, 163

desdém, 144-146, 183, 187

desilusão, 163, 219

desinteresse por conversas, 56-57

desonestidade, 111-112, 212

desvio, 183

dinâmica familiar e conflito

    e as rotinas das crianças, 67-68

    e conversas com pessoas difíceis, 137-139

    e estabelecimento de limites, 163-164

    e histórico familiar do autor, 14, 39-40

    e lutas pessoais de outras pessoas, 27-30, 30-31, 31-34, 35

    Veja também criação de filhos

disciplina, 158. *Ver também* autocontrole

dopamina, 140-141

ego, 37, 145, 163, 186

e-mail

    desafios para uma verdadeira conexão, 54-56

    e a defensiva, 193

    e conversas com pessoas difíceis, 145

    e o valor de fazer uma pausa, 104

    e planejamento para conversas difíceis, 201, 204

    e voz assertiva, 120

emoções

    confiança como, 118-119

    e fisiologia do conflito, 71

    e mensagens de texto, 54-56

    e processo de análise rápida, 91-92, *93*, 93-94

    e táticas de conversação, 94-95

    inteligência emocional, 79

    palavras *vs.* emoções, 40

    regulação, 107-108, 219

emoldurando conversas

    consentimento dos participantes, 178-179

    definição de estruturas de conversação, 174-177, 183-184

    e conversas com pessoas difíceis, 155

    e limitação de escolhas, 173-174, 175, 183

e metas para as conversas, 48-49
escopo dos tópicos, 179-181
manter o foco, 182-183
processo de, 177-181
resultados pretendidos das conversas, 177-178
empatia
e a importância das próximas conversas, 20
e conversas com pessoas difíceis, 139
e defensiva, 194
e objetivos do texto, 21
e palavras *vs.* emoções, 40-42
e visão competitiva dos argumentos, 37-38
pedidos de desculpas sem empatia, 146
empoderamento, 96-100, 121-123
Empresa Fisher, 15-16, 18
entrevistas, 110
epinefrina, 71
erros, 38, 61
escolha de palavras, 97, 97-98, 120-121
espaço pessoal, 75
espaço seguro para conversas, 209-213
estereótipos, 29-30, 34
estímulos, 176
"Eu" em conversas, 196, 198
evitar discussões, 104, 104-105
explicar demais, 127-128
falar mais alto, 134
fase de arrefecimento das discussões
e combater a defensividade, 198
e fisiologia do conflito, 72, 73, 80
e o uso de pausas, 114
e progressão dos argumentos, 69-70, 70
e valor da pausa, 107
fase de ignição de argumentos
e defensiva, 187, 193, 197
e estruturas para conversas, 176
e fisiologia do conflito, 72, 73, 74, 80-81
e manter as conversas no rumo certo, 183

e planejamento para conversas difíceis, 206
e preparação para discussões, 84, 101
e processo de diagnóstico rápido, 93
e progressão de argumentos, 69-70, 70
e respiração antes de falar, 84-86
e respirações de conversação, 87-88
e ritmo das conversas, 104
fases das discussões, 68-72
feedback, 50, 59, 119, 123, 136, 180
Filtro "vale a pena?", 152-154
fisiologia do cérebro, 71, 72, 73-74
fracasso, aceitação, 38-42
frequência cardíaca, 71, 72, 86, 89-91, 104
gaslighting, 223
gatilhos de autonomia, 78, 196
gatilhos de avaliação social, 76-77, 128, 188
gatilhos de competência, 77
gatilhos de finalidade, 78
gatilhos de perda, 78-79, 176, 188
gatilhos físicos, 75-76
gatilhos psicológicos
e defensiva, 187, 188, 189, 193, 196, 196
e estruturas de conversação, 176
e estruturas para conversas, 176-177
e explicação excessiva, 128
e fisiologia do conflito, 81
e gerenciamento de desacordos, 154
e planejamento para conversas difíceis, 202
e processo de análise rápida, 91-92
e respiração antes de falar, 86
generalização, 188
gentileza, 50, 194. Veja também empatia
gentilezas, 204-208, 212

graça, 61, 193
gratidão, 51, 160, 162
grosseria, 111, 140-146, 192-193
honestidade na comunicação, 49-50, 133, 164
hormônios, 71
humildade, 133
identidade, 38-39, 77-79, 120
impulsividade, 149-150
incerteza, 106, 134, 203
individualismo, 38-39
insegurança, 126-127, 129-131
instintos de proteção, 76
insultos, 111, 140-146
intenção e intencionalidade
    e conversas com pessoas difíceis, 144-146
    e empregando pausas, 114
    e o valor da pausa, 106
    e palavras de preenchimento, 129
    e poder da próxima conversa, 52-53
    e respiração, 84-86, 88-89
    resultado pretendido das conversas, 177-178
interrupções
    e conversas com pessoas difíceis, 149-152, 156, 157
    e corte de conexão, 57
    e defensiva, 187
    e metas para conversas, 46
    e planejamento para conversas difíceis, 201
    e poder da próxima conversa, 52
    e ritmo das conversas, 102
"inundação", 69, 107
ioga, 90-91
justificativas, 148-70, 163
LaPray, Bobby, 27-30, 31-34, 98
Lee, Clemon, 215-217
limites
    construção, 163-168
    e como lidar com ataques pessoais, 142
    e seu manual, 165-166

impacto nos relacionamentos, 168-169
imposição, 166-170
perímetros dos relacionamentos, 163-164
valor de, 158-163
linguagem condescendente, 142-144
linguagem corporal e conscientização, 75, 93-94, 107, 183
linguagem paternalista, 142-144
lutas pessoais
    e conversas bobas, 98-99
    e depoimentos legais, 27-30
    e visão competitiva dos argumentos, 35-38
    empatia com os outros, 27-30, 30-31, 31-34
manuais, 165-166
Martin, Bill, Jr., 30
medo
    e dizer "não", 158
    e estruturas para conversas, 176
    e gatilhos de avaliação social, 77
    e linguagem corporal, 60
    medo de ficar de fora (FOMO), 77
    Veja também ansiedade
meditação, 90-91
menosprezo, 140-146
mensagens de texto, 54-56, 108, 120, 145, 192-193
mentalidade, 97, 97-98
mídia de notícias, 105
mídia social
    conteúdo e estilo do autor, 63, 221
    e valor de argumentos "vencedores", 37-38
    início do autor em, 16-18
modo repouso e digestão, 73
muletas verbais, 128-129
narcisismo, 223
Navy SEALs, 89
negociações, 137-139, 160
nervosismo, 73, 94
objetivos das conversas, 49, 49-53, 97-98, 182-183

ouvir
- e como lidar com interrupções, 150-152
- e confiança, 126-127
- e conversas bobas, 96
- e defensiva, 188-190
- e estruturas para conversas, 179
- e metas para conversas, 46
- e poder da próxima conversa, 52
- e processo de análise rápida, 91
- e valor de fazer pausas, 104
- e valores nas conversas, 50

palavras de preenchimento, 128-129
"palmas", 105
paredes entre os participantes da conversão, 188-193, 197
paternidade
- desentendimentos, 67-68, 70-72
- e dizer "não", 158
- e histórico familiar do autor, 13-15, 39-40
- e lutas pessoais de outros, 30-31
- passividade e voz passiva, 122, 199

pausa
- como usar, 108-113
- dicas para usar, 108-113
- e combater a defensiva, 195, 197-198
- e conversas com pessoas difíceis, 144
- e intenção, 106, 114
- e lidar com ataques pessoais, 141
- e palavras de preenchimento, 129
- tomar fôlego em uma conversa, 87-90
- valor de, 104-108

pausas curtas, 109-110, 114, 144
pausas longas, 110-113, 111, 114
pedidos de aconselhamento, 19-20
pedidos de desculpas sem desculpas, 146-147
pensamento funcional, 64
perdão, 125, 129, 194
perguntas como ferramenta de conversação, 16-17, 20, 176, 196, 200, 206, 211

pessoas difíceis
- desviar a rudeza e os ataques, 145-146
- e conflito verbal, 139-140
- e desacordo construtivo, 151-154
- e desculpas esfarrapadas, 145-146
- e disputas familiares, 137-139
- e interrupções, 149-73

piores cenários, 176
Podcast do Jefferson Fisher, 17
"por que" em conversas, 196
primeiras impressões, 44
programação da televisão, 105
reconhecimento de outros, 56, 196-197, 210
recuperação da memória, 97
reflexos, 104. Veja também gatilhos psicológicos
regras de conversas, 165-166
regulação de emoções, 107-108, 219
rejeição, 76, 79
repetição, 141, 142-140
respeito, 133-135, 134
respiração
- e empregando pausas, 110
- e lidando com ataques pessoais, 142
- e preparação para um processo legal, 217
- e processo de análise rápida, 90-97, 93
- preparação para falar, 84-87
- tomar fôlego para conversar, 87-90

respiração bucal, 87-88
respiração conversacional, 87-90, 92-93. Ver também respiração
respiração de caixa, 89
respiração pelo nariz, 87-88
respiração tática, 89
responsabilidade, 23, 146, 195
resposta de luta ou fuga, 71-72, 73
respostas fisiológicas ao conflito, 69-70, 70-72, 72-74, 75-76. Veja também gatilhos psicológicos

reuniões virtuais, 126
reuniões, 125-126
ritmo da fala, 135
ritmo das conversas
 e palavras de preenchimento, 129
 e uso de pausas, 108-113, 114
 e valor das pausas, 104-108
 exemplo de depoimento, 102-104
 pausas curtas, 109-110
 pausas longas, 110-113
rotinas, 67-68
sarcasmo, 151, 187
silêncio, 104, 128-129, 140-144, 195
sistema nervoso parassimpático, 73
sistema nervoso simpático, 73
subestimar, 129-131
tempo das conversas, 200-204
testemunhas especializadas, 185-187
tom de voz, 109, 133-136

tomada de decisões, 158-159, 160
tópicos sensíveis, 182, 203. *Veja também* conversas difíceis
transmissão vs. comunicação, 54-56
"última palavra" em argumentos, 111-112
valores, 49-53, 78, 167, 219
varreduras rápidas, 90-97, 217
viés de confirmação, 193
visões de mundo, 37-38
vocabulário, 120-121, 219
"você" em conversas, 196, 198
voz
 e defensiva, 187, 193
 tom de voz, 109, 133-136
 uso da voz assertiva, 119-133
 voz passiva, 122, 199
 voz, 75

1ª edição	ABRIL DE 2025
impressão	BARTIRA
papel de miolo	HYLTE 60G/M²
papel de capa	CARTÃO SUPREMO ALTA ALVURA 250G/M²
tipografia	BEMBO